Pauline Lalancette

Conception et développement d'un environnement Ex@O

Pauline Lalancette

Conception et développement d'un environnement Ex@O

Pour des laboratoires assistés à distance

Presses Académiques Francophones

Imprint
Any brand names and product names mentioned in this book are subject to trademark, brand or patent protection and are trademarks or registered trademarks of their respective holders. The use of brand names, product names, common names, trade names, product descriptions etc. even without a particular marking in this work is in no way to be construed to mean that such names may be regarded as unrestricted in respect of trademark and brand protection legislation and could thus be used by anyone.

Cover image: www.ingimage.com

Publisher:
Presses Académiques Francophones
is a trademark of
International Book Market Service Ltd., member of OmniScriptum Publishing Group
17 Meldrum Street, Beau Bassin 71504, Mauritius

Printed at: see last page
ISBN: 978-3-8416-3657-7

Zugl. / Agréé par: Montréal, Université de Montréal, 2014

Copyright © Pauline Lalancette
Copyright © 2015 International Book Market Service Ltd., member of OmniScriptum Publishing Group
All rights reserved. Beau Bassin 2015

Remerciements

À ma famille pour son support constant,
mais surtout à celui qui est mon maitre
de vie, mon fils Marc-Olivier.

Au professeur Nonnon qui est
devenu pour moi, au fil des années,
un véritable mentor.

« *Beau mot que celui de chercheur et si
préférable à celui de savant. Il exprime
une saine attitude de l'esprit devant la
vérité : le manque plutôt que l'avoir, le
désir plutôt que la possession, l'appétit
plus que la satiété.* »

Jean Rostand

« *Celui qui a la prétention
d'enseigner ne doit jamais cesser
d'apprendre.* »

John Cotton Dana

Résumé

La démarche scientifique (ou expérimentale) en milieu scolaire nécessite des savoir-faire expérimentaux qui ne s'acquièrent habituellement qu'en présentiel, c'est-à-dire en laboratoire institutionnel où l'enseignant ou le technicien sont présents et peuvent, à tout moment, assister pleinement l'apprenant dans sa démarche d'investigation scientifique et technologique. Ils peuvent l'orienter, le diriger, susciter sa réflexion, faire des démonstrations réelles ou contrôler son expérimentation en lui montrant comment paramétrer les outils d'expérimentation assistée par ordinateur (ExAO). Pour répondre aux besoins de la formation à distance, cette recherche de développement en didactique des sciences et de la technologie propose de mettre à la disposition des apprenants et des enseignants un environnement de laboratoire informatisé, contrôlé et assisté à distance. Cet environnement, axé sur un microlaboratoire d'ExAO (*MicrolabExAO*), que nous avons nommé *Ex@O* pour le distinguer, a été testé de manière fonctionnelle, puis évalué en situation réelle par des étudiants-maîtres et des élèves de l'éducation des adultes qui ont pratiqué et expérimenté la démarche scientifique, en situation de laboratoire réel, mais à distance. Pour ce faire, nous avons couplé le logiciel *MicrolabExAO* à un logiciel de prise en main à distance avec outils audio et vidéo (*Teamviewer*). De plus, nous avons créé et inséré, dans le logiciel *MicrolabExAO*, une aide en ligne pour télécharger et faciliter la prise en main à distance.

Puisque cet environnement *Ex@O* permet de multiplier les contacts des apprenants avec une expérimentation concrète, ce prototype répond bien à l'un des objectifs du *Programme de formation de l'école québécoise* (PFEQ) qui est de rendre l'apprenant plus actif dans ses apprentissages. Et parce que ce premier prototype d'environnement Ex@O permet d'effectuer des activités en laboratoire à distance, nous avons pu vérifier qu'il met aussi l'accent, non seulement sur les savoirs, mais également sur les savoir-faire expérimentaux en sciences et technologie, traditionnellement développés dans les locaux des laboratoires institutionnels.

Notons ici que la démarche expérimentale s'acquiert très majoritairement en laboratoire en pratiquant, souvent et régulièrement, le processus inductif et déductif propre à cette démarche.

Cette pratique de la démarche expérimentale, à distance, avec la technologie *Ex@O* qui l'accompagne, nous a permis de vérifier que celle-ci était possible, voire comparable à la réalisation, pas-à-pas, d'un protocole expérimental effectué dans un laboratoire institutionnel.

Mots clés :

Investigation scientifique, modèle d'action, actographie, *Ex@O*, assistance, contrôle à distance, formation à distance

Summary

In the school environment, the scientific (or experimental) approach requires experimental «*savoir-faire*» which is usually acquired in presential, that is to say in an institutional laboratory where the teacher or technician are present and may, at any time, fully assist the learner in his inquiry-based scientific and technological approach. The teacher or technician can direct, guide and stimulate the learner's thinking, to do live demonstrations and control experiment by showing the learner how to configures the computer assisted experimentation (*expérimentation assistée par ordinateur* or ExAO) tools.

To meet the needs of distance learning, the R&D in science and technology education, provides learners and teachers with a computer laboratory environment, controlled and attended to from a distance. In order to distinguish between the remote computer lab environment and the *ExAO* microlaboratory, we named our environment *Ex@O*. It was first tested in order to werify its functionality and it was then evaluated in classroom situations by student teachers and students of adult education who practiced and experienced the scientific approach. This was done with a computer laboratory environment, but from a distance.

To achieve this, we combine the *MicrolabExAO* software with a grip remote, and audio and video tools (*Teamviewer*). In addition, we have create and included in the *MicrolabExAO* software, online help in order to facilitate the download and the grip remote laboratory.
Because of *Ex@O*, the learner benefits from increased contacts with concrete experiments. In doing so, the Ex@O prototype meets the objectives of the « *Programme de formation de l'école québécoise* » (PFEQ), which is to increase the learner's active participation in his learnings. With the first version of *Ex@O* prototype, where the learner can perform activities in remote laboratory, we were able to verify that it also focuses not only on knowledge, but also the experimental science and technology « *savoir-faire* », traditionally developed in institutional laboratories. Note here that the experimental approach is acquired almost exclusively in the

laboratory practicing, often and on a regular basis, both inductive and deductive processes which are specific to this approach.

The practice of the experimental approach from a distance with the *Ex@O* technology, has enabled us to verify that it was possible, even comparable to a real, step-by-step, experimental protocol traditionally conducted in an institutional laboratory.

Keywords:

Scientific investigation, model of action, actography, *Ex@O*, assistance, remote control, distance education

Table des matières

INTRODUCTION 3

CHAPITRE 1. CONTEXTE DE LA RECHERCHE ET IDEE DE DEVELOPPEMENT 5
  1.1 La formation à distance en formation et en formation continue des maîtres 5
  1.2 L'enseignement individualisé à l'éducation des adultes 5
  1.3 La formation à distance à l'éducation des adultes 7
  1.4 Les apprentissages en laboratoire de formation à distance assistée à l'éducation des adultes 8
  1.5 Idée de développement 9
  1.6 Conclusion 11

CHAPITRE 2. CONSIDERATIONS PRATIQUES ET THEORIQUES 12
  2.1 L'ExAO au service de l'apprentissage en laboratoire 12
  2.2 Les principes d'acquisition de données en ExAO 13
  2.3 L'Internet au service de la formation à distance 16
  2.4 L'intégration de l'ExAO et de la FAD 17
  2.5 L'Ex@O dans le cadre constructiviste du *Renouveau pédagogique* 18
    2.5.1 La lunette cognitive comme outil d'apprentissage en laboratoire à distance 18
    2.5.2 L'ExAO et la lunette cognitive pour un apprentissage constructiviste dans le cadre des théories de l'information 19
    2.5.3 Une approche socioconstructiviste comme cadre pour l'Ex@O 23
  2.6 Conception théorique d'un modèle d'acquisition du raisonnement scientifique 24
  2.7 Un modèle d'investigation scientifique adapté pour l'environnement Ex@O ... 26
  2.8 Conclusion méthodologique et considérations pratiques et théoriques 34

CHAPITRE 3. METHODOLOGIE DE LA RECHERCHE 36
  3.1 Les modèles de recherche et de développement 36
  3.2 Quelques pistes de réflexion sur l'évaluation de l'Ex@O 40

CHAPITRE 4. ÉLABORATION DE L'IDEE 42
  4.1 Connaissances actuelles sur les moyens informatisés utilisés en formation à distance 42
  4.2 Concevoir et mettre à l'essai un laboratoire d'expérimentations assistées à distance par ordinateur 46

CHAPITRE 5. MODELE D'ACTION ET COMPORTEMENTS ATTENDUS 48
  5.1 Description de l'environnement Ex@O 49
    5.1.1 Description des protocoles d'expérimentation utilisés avec l'Ex@O 49
  5.2 Les outils d'observation et d'évaluation 51

CHAPITRE 6. ANALYSE ET INTERPRETATION DES RESULTATS..................................54
  6.1 Contextes des mises à l'essai...54
  6.2 Mise à l'essai fonctionnelle..54
  6.3 Mise à l'essai empirique..55
      6.3.1 Introduction..55
      6.3.2 Analyse et interprétation liées spécifiquement à la démarche d'investigation...60
      6.3.3 Analyse et interprétation liées spécifiquement à l'environnement informatisé...66
  6.4 Analyse et interprétation des comportements de l'apprenant sous forme d'une actographie incluant les améliorations suggérées 70
  6.5 Recommandation d'ordre technique.. 94
  6.6 Conclusion.. 94

CHAPITRE 7. CONCLUSION.. 95

CHAPITRE 8. LISTE DE REFERENCES ET ANNEXES...100
  Liste de références 101
  Annexe A - Exemple de grille d'observation 106
  Annexe B - Commentaires des participants et expérimentateur.........................108
  Annexe C – Les 4 protocoles expérimentaux 113
  Annexe D - Données recueillies sous forme de rapports d'expérimentation et de grilles d'observation ....sur DC

Introduction

L'usage des nouvelles technologies de l'information et de la communication en salle de classe, telles que l'ExAO et la visioconférence, nous permet d'entreprendre, en les combinant, de nouvelles approches à distance en laboratoire de sciences expérimentales, notamment pour la formation des maîtres ou pour l'enseignement individualisé à l'éducation des adultes.

Nous avons donc élaboré et effectué cette recherche dans le but de développer un outil concret et actuel pouvant être utilisé par les enseignants pour les programmes de sciences et de technologie à l'éducation des adultes. Ainsi, comme ex-enseignante en sciences et technologie et comme conseillère pédagogique, il m'apparaissait essentiel que cette recherche aboutisse à un outil technologique et pédagogique pouvant être facilement et rapidement accessible, même en dehors des laboratoires institutionnels scolaires. De plus, nous pensons qu'un tel outil pourrait également servir à des fins de partage de savoirs et d'habiletés entre enseignants de sciences, entre enseignant et apprenants, ou même entre apprenants. D'ailleurs, dans son ouvrage collaboratif sur la formation des enseignants, Ginestié (2006) mentionne que le réseau (communauté apprenante), dans une organisation scolaire, accompagne les évolutions et que les points forts de celui-ci sont, entre autres :

  a. *La mise en commun de modules de formation existants au travers d'échanges de dispositifs*
  b. *L'élaboration de modules de formation dans une perspective de mise en commun*
  c. *La constitution d'une base de ressources communes accessibles à distance*
       (Ginestié, J., 2006, p.16)

L'objet de notre recherche nous a mené tout naturellement à travailler sous la direction du professeur Nonnon, chercheur didacticien et directeur du Laboratoire de robotique pédagogique de l'Université de Montréal puisque son champ d'expertise concerne la technologie et qu'il a mis au point une démarche de recherche axée sur le développement d'un objet technopédagogique. Nous pensons d'ailleurs que ce type de recherche propose une approche concrète et accessible permettant de créer des ponts entre le milieu universitaire et le milieu de pratique.

Il faut donc voir cette recherche de développement, d'abord et avant tout, comme une recherche innovante sur la conception et la validation d'un environnement informatisé d'apprentissage. Plutôt que de considérer celle-ci comme étant axée sur l'apprentissage des concepts scientifiques, cette recherche veut essentiellement permettre la pratique de l'ensemble de la démarche expérimentale en sciences et technologie dans un environnement de formation à distance.

1. Contexte de la recherche et idée de développement

1.1 La formation à distance en formation initiale et en formation continue des maîtres

En 2014, l'Université est appelée à proposer aux futurs étudiants différentes plateformes d'apprentissage dans le but de pouvoir desservir la plus vaste clientèle possible. Notre idée de développement est donc de proposer un environnement informatisé d'expérimentations assistées par ordinateur (ExAO) à distance (Ex@O) aux étudiants du baccalauréat en enseignement des sciences et des technologies au secondaire et à ceux inscrits en formation continue (enseignants en exercice) comme un outil d'apprentissage en laboratoire, mais à distance, pour les apprenants désirant s'approprier la méthode expérimentale en sciences et technologie en dehors des laboratoires institutionnels. Ils devront alors s'insérer dans une démarche qui inclut, dans un **modèle d'action**, l'investigation scientifique et tous les aspects liés aux manipulations expérimentales et techniques du système d'Ex@O.

1.2 L'enseignement individualisé à l'éducation des adultes

De nos jours, bien des raisons motivent les personnes à fréquenter un centre d'éducation des adultes. D'après le *Programme de la formation de base diversifiée (FBD)* (MELS, version provisoire de janvier 2011), certains veulent poursuivre leur formation et obtenir un diplôme. D'autres désirent acquérir les préalables nécessaires à la poursuite d'études professionnelles ou collégiales. Après la perte d'un emploi, plusieurs se forment afin de retourner sur le marché du travail avec de meilleures qualifications. Des immigrants et des retraités font également partie de la clientèle à l'éducation des adultes. Cependant, la majorité des adultes qui poursuivent des cours de sciences et technologie est composée de jeunes adultes se dirigeant vers des études postsecondaires.

Selon Marcotte, J. (2007), dans les centres d'éducation des adultes, l'approche pédagogique prépondérante en est une d'enseignement individualisé où les heures d'enseignement pour chacun des apprenants adultes sont limitées et définies dès le départ. La principale fonction d'un enseignant est de suivre au mieux la démarche de l'adulte en formation et de lui venir en aide de façon ponctuelle s'il éprouvait de la difficulté avec une notion abordée dans son guide d'apprentissage. Ce guide d'apprentissage en sciences et technologie est un document écrit qui préconise, entre autres, des séances individuelles et préétablies dans une salle de laboratoire/atelier institutionnelle. Il est constitué d'un plan de travail, d'un manuel de référence et d'un cahier d'exercices et d'évaluation. Le guide d'apprentissage a pour but de remplacer l'enseignant de la façon la plus adéquate possible puisqu'il a été initialement conçu pour les apprenants qui suivent ces mêmes cours, mais à distance. L'enseignant ne s'attache donc qu'à suppléer au guide dans l'acquisition des savoir-faire et des connaissances, que ce soit en classe ou au laboratoire.

Cependant, le nouveau programme de la FBD du MELS (version provisoire 2011), programme calqué sur le *Programme de formation de l'école québécoise (PFEQ)* en terme de compétences et de concepts (ou savoirs) prescrits spécifie que :

> La responsabilisation de l'adulte à l'égard de ses propres apprentissages joue un rôle essentiel dans le renforcement de sa motivation et de son autonomie. Par conséquent, les programmes d'études lui proposent des situations d'apprentissage où il est actif et qui lui font prendre en charge ses apprentissages.
>
> (MELS, 2011, p. 9)

On ajoute un peu plus loin dans ce même document que :

> De plus, en apprenant à porter un regard sur les savoirs qu'il acquiert et la manière dont il les utilise, l'adulte développe des capacités de réflexion qui lui serviront tout au long de sa vie.
>
> (MELS, 2011, p. 9)

Ainsi, le *renouveau pédagogique* à l'éducation des adultes favorise une démarche d'enseignement-apprentissage centrée sur la responsabilisation de l'adulte eu égard à ses apprentissages. Selon cette approche, l'adulte développe ses compétences en situation et par « l'action ». Il s'agit donc d'une transformation radicale de la pratique enseignante à l'éducation des adultes puisque l'enseignant doit passer d'un emploi de correcteur et d'aide ponctuelle axé essentiellement sur le contenu ou les connaissances, à celui de « guide-accompagnateur » de l'apprenant actif dans ses apprentissages en vue de l'assister et de l'aider à pratiquer ses savoir-faire pour développer ses propres compétences.

Au regard du nouveau programme de la FBD, considérant le temps très limité des périodes de laboratoire/atelier qui exigent la présence d'un technicien en plus de l'enseignant, il nous apparaît que le contexte présent n'est pas approprié pour assurer le développement optimal de la compétence disciplinaire en laboratoire. Cette compétence, «*Chercher des réponses ou des solutions à des problèmes d'ordre scientifique ou technologique (CD1)*», nécessite le développement de savoir-faire qui, en sciences et technologie, ne se développent qu'avec de nombreuses séances en laboratoire/atelier.

Au cours de cette recherche, nous proposerons donc l'environnement Ex@O à des enseignants oeuvrant à l'éducation des adultes ainsi qu'à quelques-uns de leurs apprenants inscrits en formation à distance.

1.3 La formation à distance à l'éducation des adultes

Au Québec, les commissions scolaires ou des regroupements de commissions scolaires offrent des services de formation à distance (FAD) pour la clientèle adulte de niveau secondaire. On trouve, entre autres, sur le portail de la formation à distance au Québec (PORTAILFAD, 2007), quelques initiatives dont la SOFAD (Société de formation à distance) et le CLIFAD (Comité de liaison en formation à distance), pour ne nommer que celles-ci.

La mission de la SOFAD est de soutenir les commissions scolaires en matériel d'apprentissage, que ce soit imprimé ou en ligne afin de répondre aux différents besoins liés aux modes de formation, à la diversification des lieux, et aux parcours d'apprentissage individualisé (SOFAD, 2012).

Le CLIFAD est, quant à lui, un regroupement de huit commissions scolaires qui offrent des cours à distance avec comme support, un guide d'apprentissage papier avec devoirs intégrés et un enseignant disponible à heures fixes au bout du fil téléphonique pour répondre aux questions et corriger les devoirs soumis. Cependant, rien n'est prévu pour permettre aux apprenants de réaliser leurs activités de laboratoire à distance. Ils doivent se déplacer pour effectuer les activités et examens de laboratoire[1] dans un centre d'éducation des adultes à proximité.

1.4 Les apprentissages en laboratoire de formation à distance assistée (FAD@) à l'éducation des adultes

Parce que, comme le dit Gaston Bachelard (1934), la preuve scientifique s'affirme dans l'expérience aussi bien que dans le raisonnement, les activités scientifiques et plus particulièrement, celles en laboratoire sont indispensables pour acquérir, entre autres, des savoir-faire en sciences et technologie. De Vecchi (2006), quant à lui, considère que la démarche expérimentale est un moteur essentiel au développement de vraies compétences et à l'acquisition d'une attitude scientifique. Il nous apparaît donc nécessaire que tout apprenant, jeune ou adulte, puisse effectuer des activités d'apprentissage en laboratoire/atelier, d'autant plus que la compétence CD1, *Chercher des réponses ou des solutions à des problèmes d'ordre scientifique ou technologique*, doit être évaluée en laboratoire. Il est donc logique de penser qu'il faudrait d'abord la développer dans un laboratoire/atelier. D'ailleurs, une portion non négligeable des épreuves d'évaluation pour les cours de sciences et technologie à l'éducation des

---

[1] Notons que certaines commissions scolaires en région fournissent des trousses de laboratoire portatives (contenant quelques activités de laboratoire) aux élèves qui peuvent alors effectuer et pratiquer des expérimentations simples à la maison.

adultes sont des épreuves pratiques et doivent donc se dérouler en laboratoire/atelier. Ainsi, pour toutes les épreuves d'évaluation de 3e, 4e et 5e secondaire, cinquante pour cent du temps alloué à la passation d'une épreuve doit s'effectuer en laboratoire/atelier.

La plupart des programmes de sciences en formation à distance pour l'éducation des adultes sont modulaires, on a donc dû, pour chaque module planifier une formation mixte, c'est-à-dire une formation à distance pour la partie théorique des cours et une formation *in situ* pour les activités en laboratoire.

Afin d'éviter des déplacements réguliers au laboratoire pour les apprenants de la formation à distance, les solutions apportées par certaines commissions scolaires ne sont pas à la hauteur des attentes. Par exemple, on se contente de simulations avec quelques animations virtuelles ou on offre un service de formation à distance où l'apprenant se procure des trousses de laboratoire pour réaliser les activités de sciences prescrites dans le programme. Ainsi, pour la partie *Électricité* du cours équivalant au programme de sciences physiques 416, on prête une trousse comprenant un multimètre comme seul instrument de laboratoire. Cette pratique, il est vrai, rend possible le travail sur du matériel concret. Par contre, elle se limite à un seul domaine, soit l'électricité et on ne donne pas au formateur la possibilité de superviser l'expérimentation à distance, ni de fournir à l'apprenant adulte des démonstrations pratiques lui procurant ainsi des rétroactions sur ses savoir-faire expérimentaux. Il en résulte que régulièrement, les adultes se présentant aux examens de laboratoire du MELS n'ont pas acquis un niveau de savoir-faire suffisant pour réussir cet examen.

1.5 Idée de développement

Notre idée initiale de développement est donc de concevoir et de mettre à l'essai un microlaboratoire d'expérimentations (ExAO) à distance (*Ex@O*).

Ce microlaboratoire original[2] d'*Ex@O* sera composé de :

1. Ordinateur avec écran et caméra web;
2. Matériel du microlaboratoire *ExAO* (interface, capteurs et senseurs électroniques);
3. Matériel de laboratoire/atelier « classique » (béchers, plaque chauffante, etc.);
4. Logiciel d'acquisition de données *MicrolabExAO*;
5. Logiciel de communication *Teamviewer*;
6. Accès Internet.

Il devra se présenter comme une sorte de console de jeux à caractère didactique. Il s'agira d'un véritable laboratoire de sciences portable, que les apprenants pourront utiliser aussi bien dans un laboratoire de science, qu'au laboratoire d'informatique, devant un ordinateur, que ce soit à la bibliothèque ou même à la maison. Cet avantage de prolonger le travail en dehors des heures de cours ne sera plus exclusif aux sciences humaines et aux mathématiques. Il sera alors possible, grâce à ce laboratoire portable et déporté, de réaliser ou de prolonger en dehors de l'école des activités d'investigation en sciences expérimentales, en physique, chimie, biologie ou technologie.

Afin que ces activités pratiques soient, le plus possible, identiques à celles pratiquées dans un laboratoire institutionnel, le matériel de laboratoire *Ex@O* sera donc muni d'un dispositif technologique donnant accès au contrôle à distance. C'est ce dispositif qui offrira à l'enseignant la possibilité d'intervenir et d'assister l'apprenant à distance. De lui donner les mêmes avantages que dans un laboratoire traditionnel, soit assistance, démonstration, prise en main, correction, etc.

---

[2] Il n'existe, à notre connaissance, aucun environnement similaire de laboratoire informatisé. Cet environnement serait un ajout important et innovant aux recherches antérieures des chercheurs du laboratoire de robotique pédagogique de l'UdeM en ExAO.

1.6 Conclusion

En résumé, l'essentiel de cette recherche de développement technologique sera donc de rendre possibles des activités concrètes de laboratoire/atelier en sciences et technologie en dehors des locaux de laboratoire traditionnels.

Attendu qu'il nous semble clair qu'une partie de la solution pourrait recourir aux nouvelles technologies, nous voulons proposer aux enseignants de science et technologie, en formation à distance à l'éducation des adultes, un laboratoire portable d'expérimentations assistées par ordinateur (ExAO) qui devra, aux fins de démonstration et d'assistance, être contrôlé à distance par l'enseignant via Internet.

Nous équiperons ce laboratoire d'un système de visioconférence domestique qui facilitera la communication à distance : ainsi, l'enseignant pourra apporter une aide ponctuelle à l'apprenant tout au long de son expérimentation.

2. Considérations pratiques et théoriques[3]

En partant de l'idée de concevoir et de développer un environnement d'investigation scientifique et technologique contrôlé à distance (*Ex@O*), nous allons examiner la faisabilité de celui-ci sur le plan pratique et théorique. Il nous donnera la possibilité de vérifier son caractère innovateur en confrontant notre idée initiale de recherche avec les possibilités offertes par les technologies[4] de l'information et de la communication actuelles et les approches nouvelles en didactique des sciences. Par ces considérations, nous voulons :

1) décrire, de manière exhaustive, les caractéristiques propres à l'expérimentation assistée par ordinateur (ExAO) en sciences expérimentales;
2) présenter les caractéristiques propres à l'Internet en formation à distance;
3) de manière prospective, énoncer les avantages qu'offrirait l'intégration d'Internet et de l'ExAO, via l'environnement Ex@O comme soutien à la pratique à distance en sciences et technologie.

2.1 L'ExAO au service de l'apprentissage en laboratoire

En règle générale, au secteur « Jeunes » comme au secteur « Adultes », l'intégration des technologies de l'information et de la communication en sciences et technologie ne devrait pas se limiter à l'Internet, aux logiciels de traitements de texte, aux tableurs/grapheurs ou aux logiciels de simulation utilisés surtout par l'enseignant pour faire des présentations. De façon plus spécifique, on devrait également ajouter les laboratoires informatisés d'ExAO.

L'expérimentation assistée par ordinateur (ExAO) existe depuis plus de 40 ans (Nonnon et Laurencelle, 1972). L'ExAO est un environnement d'apprentissage

---

[3] Remarque : Pour cette recherche de développement, ces considérations auront valeur de contexte théorique.
[4] Il est nécessaire ici de distinguer la technologie de l'environnement Ex@O que nous développons et qui servira d'outil d'apprentissage en sciences et technologie, de la technologie comme concept et objet d'apprentissage du programme de science et technologie du PFEQ.

constitué principalement d'un ordinateur, d'un logiciel spécialisé, d'une interface électronique d'acquisition et de capteurs (Nonnon, 1986). Lors d'une expérimentation, le ou les capteurs (ex: luminosité, température, pression, etc.) mesurent la variation de grandeurs physiques. Un signal électrique est envoyé à l'interface d'acquisition qui convertit le signal pour le transmettre à l'ordinateur. Un logiciel traite le signal et affiche les mesures à l'écran notamment sous forme de graphiques.

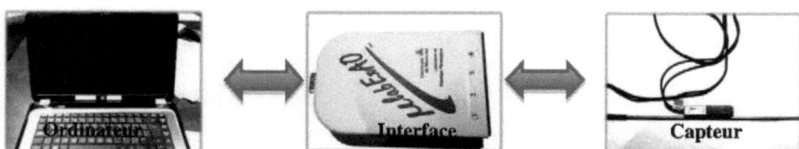

Figure 2.1 - *Montage de base pour une expérimentation assistée par ordinateur ExAO avec connexion entre les composantes*

2.2. Les principes de l'acquisition de données avec l'ExAO

En ExAO, on utilise des capteurs sensibles à différents phénomènes physiques comme la température (thermistor) ou la luminosité (photorésistor) afin de collecter des mesures en temps réel via une interface électronique. La chaîne d'acquisition de données procède de la façon suivante (voir la figure 2.2) :

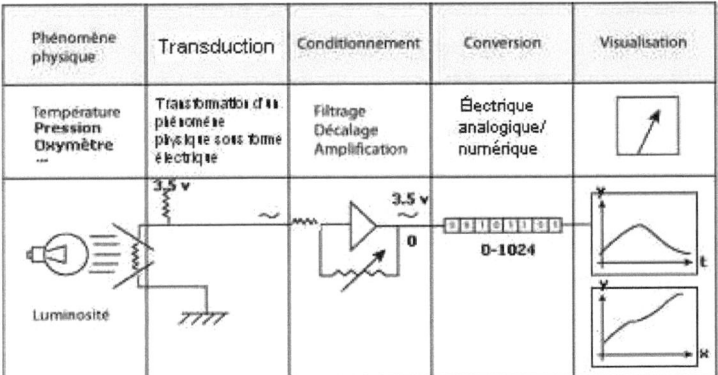

Figure 2.2 - *Principe d'un système d'acquisition de données (tiré de Nonnon, P. (2007))*

1. Tout d'abord, au niveau du capteur, un transducteur traduit tout phénomène physique sous forme de signal électrique (voir figure 2.2 – section *Transduction*). Ainsi, la capacité physique d'un photorésistor de modifier sa résistance en fonction de la luminosité nous permet de le placer dans un pont de résistors pour créer un diviseur de tension afin que le voltage aux bornes du photorésistor varie en fonction de la luminosité.
2. Le signal électrique ainsi obtenu sera alors conditionné électroniquement (amplifié, décalé, filtré…) pour s'ajuster à l'entrée du convertisseur (par exemple entre 0 et 3,5 volts). Consultez la section *Conditionnement* de la figure 2.2.
3. Ce signal électrique sera transformé par une l'interface électronique (un microcontrôleur) à l'aide d'un convertisseur analogique à numérique de 10 bits en un nombre variant de 0 à 1024 (figure 2.2 – section *Conversion*).
4. Ce nombre, situé entre 0 et 1024, est en relation directe avec le phénomène physique mesuré, il sera comparé à la valeur d'un même phénomène physique pris comme valeur étalon. Le logiciel transforme alors cette valeur numérique en valeur de température, luminosité, etc. au moyen d'une équation algébrique pour

animer les appareils virtuels qui afficheront les grandeurs mesurées par le capteur sur l'écran de l'ordinateur. Consultez la section *Visualisation* de la figure 2.2.

Avec l'ExAO, d'après Nonnon (2007), l'ordinateur est utilisé comme un outil de laboratoire, celui-ci remplaçant avantageusement la grande majorité des appareils de mesure utilisés en sciences expérimentales. Au contraire des simulateurs, les données de l'ExAO sont réelles, seuls les instruments de visualisation sont virtuels. Dans ces laboratoires informatisés, on utilise l'ordinateur pour :

1) permettre à l'étudiant de paramétrer ses expérimentations en communiquant avec l'environnement physique d'apprentissage via un clavier d'ordinateur;
2) acquérir les données et superviser le déroulement de l'expérimentation via une interface d'acquisition de données;
3) présenter sous forme graphique ou de tableaux, les données d'une expérimentation à l'écran.

Toujours selon Nonnon (2007), l'ExAO ne diffère pas vraiment du processus expérimental traditionnel. Il laisse à l'apprenant tout le contrôle expérimental nécessaire, sauf que le processus est plus rapide puisque les données sont acquises automatiquement par des capteurs électroniques, traitées et présentées en temps réel sur des instruments virtuels à l'écran sous forme de vumètres, graphiques ($y = f(t)$ et $y = f(x)$) ou de tableurs. Un modéliseur intégré offre la possibilité à l'étudiant de superposer une courbe théorique sur les données empiriques issues d'une expérimentation en modifiant les paramètres de cette courbe théorique pour en faire varier la forme à l'écran. C'est cette méthode, visuelle et graphique, qui permet de définir l'équation exprimant le phénomène observé.

L'ordinateur en ExAO joue alors le rôle d'un « appariteur-robot » qui assiste l'apprenant dans la mise en œuvre de ses expérimentations en lui offrant la possibilité de construire rapidement un modèle mathématique provenant d'une interaction de variables physiques. Ceci, en produisant automatiquement des tableaux et des graphiques, et ce, simultanément au phénomène physique observé, il facilite donc la démarche d'investigation scientifique en laissant davantage de temps à l'apprenant pour se consacrer aux aspects plus créatifs de l'investigation scientifique.

2.3 L'Internet au service de la formation à distance (FAD)

Depuis quelque temps déjà, on observe sur la Toile[5] une grande variété dans l'offre de cours à distance. Il est aujourd'hui possible, grâce à l'Internet, de construire une plateforme de support à distance pour des activités d'apprentissage ne nécessitant pas d'expérimentation. Par exemple, il est maintenant courant de pouvoir suivre un cours en ligne où les activités d'enseignement d'un formateur sont captées via une caméra, et par la suite diffusées sur la Toile.

C'est ce type de soutien à la formation à distance que proposent deux commissions scolaires au Québec sous le vocable de **f**ormation **à** **d**istance **a**ssistée ou FÀD@. Ces cours offrent une assistance via internet (courriel et visioconférence), le téléphone ou encore, dans le cadre de rencontres personnalisées en salle de cours. Mais que ce soit une commission scolaire offrant de la FÀD ou une autre qui propose de la FÀD@, les expérimentations[6] exigées pour les cours de sciences se font presque toujours *in situ*, c'est-à-dire dans le laboratoire d'un centre de formation des adultes, tel que présenté dans la section 1.1.

Cependant, nous croyons que lorsqu'il est question de fournir une assistance en ligne pour des expérimentations de sciences et technologie, il nous faut davantage qu'un accès à un serveur avec logiciel de visioconférences, comme pour les cours de langues ou d'histoire, par exemple. Il faudra, en plus d'un serveur avec une application de visioconférence, assister l'apprenant dans la mise en œuvre de son laboratoire de sciences et technologie, c'est-à-dire avoir la possibilité d'interagir non seulement avec

---

[5] La Toile : système donnant accès aux ressources d'Internet et permettant la recherche et la visualisation de documents hypertextes et hypermédias (synonyme : web)

[6] Notons que certaines commissions scolaires en région fournissent des trousses de laboratoire portatives (contenant un ensemble d'activités de laboratoire) aux élèves qui peuvent effectuer alors des expérimentations simples à la maison par contre l'enseignant ne peut comme n présentiel agir sur ces expérimentations.

l'apprenant, mais aussi directement sur l'activité expérimentale (le montage expérimental).

2.4 L'intégration de l'ExAO et de la FAD

Ainsi, nous pensons qu'on devra mettre à la disposition de l'apprenant les outils informatiques usuels suivants :

- le clavardage (ou communication textuelle) afin que l'enseignant ou l'apprenant puisse émettre des commentaires écrits sur l'expérimentation;
- la visioconférence (ou communication audio et visuelle) pour assurer une communication plus directe (verbale et non verbale) entre enseignant et apprenant, et pour visualiser simultanément l'expérimentation en cours (et les données graphiques et algébriques obtenues via l'ExAO). De plus, on pourrait envisager de sauvegarder les fichiers vidéo afin d'offrir le re-visionnement de l'intervention à distance aux fins de recherche;
- la prise en main à distance (ou application partagée) pour qu'apprenant et enseignant, via le clavier et l'écran du poste informatique, interagissent sur l'application de l'autre.

Nous serons aussi tenus de développer un nouvel outil pour le contrôle de processus afin que l'enseignant puisse agir à distance sur l'environnement physique de l'apprenant, c'est-à-dire de paramétrer et de contrôler à distance une expérimentation, comme s'il était en présence de l'apprenant dans un laboratoire traditionnel.

Pour rendre ces différents outils informatiques performants dans le cadre d'un laboratoire à distance de façon à ce que l'enseignant puisse répondre non seulement aux questions de l'apprenant, mais également l'aider dans la mise en œuvre de son expérimentation, il faudra avant tout utiliser un environnement de laboratoire informatisé (ExAO). Ce laboratoire devra être aussi portable et utiliser un langage iconique afin d'offrir à l'enseignant, en un clic de souris, un accès direct au montage expérimental de l'apprenant via un logiciel de prise en main à distance.

Il nous semble qu'avec les avantages du laboratoire informatisé ExAO intégrés dans notre environnement de laboratoire à distance *Ex@O*, il nous est permis d'envisager un environnement d'Ex@O tant technologique que pédagogique pour la formation pratique en sciences et technologie.

2.5 L'Ex@O dans le cadre constructiviste du *Renouveau pédagogique*
2.5.1 La lunette cognitive comme outil d'apprentissage en laboratoire à distance

La plupart des programmes en formation générale des adultes ou de formation à distance sont modulaires. Ils s'organisent à partir d'objectifs prédéfinis et doivent donc s'accommoder d'une formation traditionnelle où l'apprenant peut étudier la théorie chez lui, mais doit se rendre au laboratoire du centre de formation pour concrétiser et valider ses connaissances, tant pratiques que théoriques.

Pour proposer une véritable formation en laboratoire à distance, il nous faut compter sur la difficulté voire l'impossibilité, pour l'enseignant, de procéder par l'exemple, de montrer correctement et instantanément à l'apprenant le « comment faire » afin de développer chez celui-ci les savoir-faire expérimentaux. D'autre part, il peut être difficile pour l'apprenant de faire le lien entre le phénomène physique observé et sa représentation graphique. Nous pensons toutefois qu'en ExAO ce problème peut se corriger par des représentations graphiques présentées en temps réel, soit en même temps que l'expérimentation se déroule. Ces représentations graphiques simultanées, que Nonnon (1985) a expliqué par une métaphore, la « lunette cognitive », lui ont permis de postuler que la contiguïté entre le phénomène réel et son abstraction sous forme graphique et simultanée favorise l'apprentissage du langage de codage graphique. Dans sa thèse de doctorat, Girouard (1995) a démontré que les apprenants utilisant ce processus arrivaient, non seulement à obtenir de meilleurs résultats en cinématique, mais, qu'en plus, ils transféraient spontanément l'usage du graphique pour interpréter les lois de Hooke et d'Ohm.

Ce concept s'appuie sur la théorie du double codage de Paivio (1979) qui définit les activités psychologiques des individus par l'utilisation de deux systèmes de codage de l'information, un système de représentation imagée qui procède à partir d'expérimentations concrètes et un système de représentation symbolique (par exemple, représentation graphique ou algébrique) qui procède de manière abstraite. Le modèle métaphorique de la lunette cognitive s'appuie sur l'utilisation simultanée de ces deux systèmes de codage. Il s'appuie également sur les théories de l'information (Gagné, R. M., 1976) puisqu'au regard de cette théorie, il soulagerait la mémoire à court terme en fournissant à l'apprenant un support mnémonique extérieur, ce qui lui donnerait la possibilité d'économiser sa mémoire à court terme.

2.5.2 L'ExAO et la lunette cognitive pour un apprentissage constructiviste dans le cadre des théories de l'information

Selon les théories de l'information largement reconnues, la mémoire à court terme est considérée comme l'unité centrale de traitement de l'information et plusieurs chercheurs ont proposé des modèles de traitement de l'information. Ces modèles ont tous en commun des éléments comme la mémoire de travail ou mémoire à court terme, la mémoire sensorielle et la mémoire à long terme.
Pour les besoins de cette recherche, nous nous sommes attardés au modèle proposé par Tardif (1997), modèle lui-même adapté des travaux de R. Gagné (1976). Selon Tardif (1997), ce modèle a l'avantage de tenir compte des paramètres des différents modèles proposés et il ajoute qu'il a été planifié dans une orientation pédagogique, ce dernier critère étant pour nous essentiel. Les principales caractéristiques de ce modèle sont présentées dans le schéma de la figure suivante.

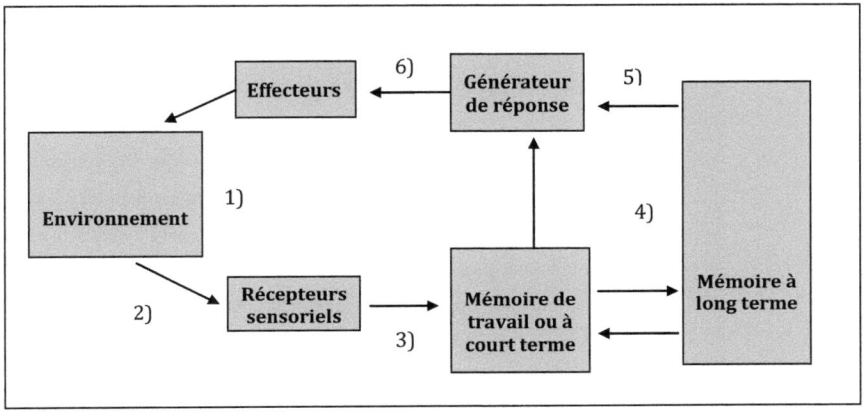

Figure 2.5.2 – *Modèle de traitement de l'information selon Tardif (adaptation de R. Gagné et E. Gagné)*

1) L'environnement est défini ici comme étant tout ce qui entoure la personne et ce à quoi elle est susceptible de donner une signification, est à la fois le point de départ et le point d'arrivée des informations.
2) Cet environnement est capté ou perçu par les sens par le biais des récepteurs sensoriels.
3) La mémoire de « travail ou à court terme » sert de centre de traitement des informations. C'est par elle que passent toutes les informations. Elle reçoit essentiellement deux types d'informations : celles provenant de l'environnement en passant par les récepteurs sensoriels, et celles provenant de la mémoire à long terme.

La mémoire de travail est, selon Gagné (1985), le « goulot » du système humain de traitement de l'information (tel que cité par Tardif, 1997, p. 168). Mais elle possède deux limites importantes. Elle est limitée quant au nombre d'informations qu'elle peut simultanément contenir et elle est également limitée sur le plan de la durée de rétention de ces informations, durée qui ne serait que d'une dizaine de secondes environ.

4) La mémoire à long terme est un vaste réservoir théoriquement illimité de connaissances. Mais selon Tardif (1997), il faut que l'enseignant soit très attentif à ce que les informations présentées tiennent compte des connaissances antérieures de l'apprenant. Il ajoute également que la mémoire à long terme peut commander directement au générateur de réponses seulement s'il y a automatisation des connaissances procédurales et conditionnelles. Il est donc très utile pour un enseignant d'automatiser ces connaissances chez l'apprenant afin de libérer de l'espace dans la mémoire de travail. Enfin, la majorité des chercheurs en sont venus à distinguer deux types de mémoire à long terme : la mémoire épisodique qui est la mémoire des événements personnels, et la mémoire sémantique qui est celle des concepts, des lois, des règles, des principes, des conditions, des procédures, et qui inclut ce que certains auteurs appellent la mémoire procédurale.

5) Le générateur de réponse est décrit comme étant la courroie de transmission des connaissances vers des programmes d'exécutions de différentes tâches. Il peut aussi répondre aux demandes de l'environnement en accord, avec la mémoire de travail.

6) Le générateur fournit les informations pertinentes aux effecteurs qui expriment la réponse.

De ces modèles, qui s'appuient sur les théories de l'information, on peut déduire que la capacité de résolution de problème est accrue lorsque l'on diminue les activités mnésiques de la mémoire. En ExAO, la possibilité de conserver ces informations sur un support externe, tel un écran d'ordinateur, devrait soulager la mémoire de travail puisqu'il permet à l'apprenant de visualiser en même temps que l'action, la représentation symbolique de celle-ci, sans être obligé d'effectuer des opérations en mémoire à long terme pour reconstituer mentalement ces représentations.

Selon Nonnon (1985), le principe de la « lunette cognitive » suppose une alternance entre les processus intellectuels de contextualisation et de décontextualisation lors de l'acquisition de connaissances. Dans un premier temps, le concept abstrait est contextualisé en le situant dans un environnement réel. Par exemple, un apprenant pour appréhender une relation graphique va observer simultanément les déplacements d'un train électrique et le graphique de son déplacement. Dans un second temps, l'apprenant pourra décontextualiser cette situation, sans l'environnement réel du train pour, par exemple, analyser ou prédire le temps nécessaire à un déplacement donné (par interpolation, extrapolation ou variation de pente). De plus, lorsque cette représentation graphique sera devenue signifiante pour l'apprenant, celui-ci pourra l'utiliser comme un langage de codage abstrait et transférer l'utilisation de cet outil cognitif sur d'autres objets d'apprentissage pour appréhender d'autres phénomènes, comme la loi d'Ohm ou la loi de Hooke. C'est ce mouvement du concret vers l'abstrait, puis de l'abstrait au concret que Nonnon (1985) a expliqué par la métaphore de la « lunette cognitive » et dont l'efficacité a été démontrée par Girouard (1995) dans sa thèse de doctorat.

Un des bénéfices réels associés à la lunette cognitive est, selon Nonnon, de désencombrer la mémoire à court terme par la visualisation en simultanée de l'expérimentation et de son abstraction. Ceci entraînerait le rapprochement entre l'hypothèse et l'interprétation. Ainsi, une expérimentation qui ne s'est pas terminée tel que prévu ne devient pas pénalisante; au contraire, elle peut donner à l'apprenant la possibilité de circonscrire davantage les variables impliquées, et ainsi de mieux refléter le véritable travail en laboratoire.

L'appropriation préalable du langage de codage graphique et mathématique pour décrire un phénomène physique est essentielle puisque c'est à partir de ceux-ci que l'apprenant pourra exprimer et utiliser ses connaissances scientifiques, par exemple, en concevant et construisant un objet technologique.

2.5.3 Une approche socioconstructiviste comme cadre à l'environnement Ex@O

Actuellement, la psychologie cognitive et la didactique s'intéressent beaucoup aux processus d'apprentissage. Un des concepts étudiés est celui des représentations ou conceptions. Toute personne possède un certain nombre de conceptions initiales pour expliquer le monde qui l'entoure. Ces conceptions peuvent être vraies ou fausses selon un point de vue purement scientifique. Mais l'intérêt pédagogique de ces conceptions initiales réside dans le fait qu'elles correspondent à l'état présent des savoirs de l'apprenant. Si cette conception est fausse, c'est un obstacle ou une limite qui doit être renversé afin que l'apprenant puisse progresser en construisant un savoir plus actuel, plus scientifique.

C'est donc en partant des conceptions initiales que l'apprenant bâtit de nouveaux savoirs en interagissant avec son entourage et son milieu. C'est la perspective proposée par Jonnaert et Vander Borght (1999), auteurs qui ont choisi de parler alors de « socioconstructivisme interactif » où l'aspect interactif est décrit par les échanges que le sujet établit avec son milieu d'apprentissage. Ces auteurs ajoutent que les apprentissages ne peuvent donc se vivre qu'en situation (tel que cité dans Lafortune & Deaudelin, 2001). C'est cette vision du socioconstructivisme que nous allons adopter pour cette recherche, car nous croyons qu'elle s'applique davantage aux sciences expérimentales puisqu'elle englobe une confrontation des conceptions avec le milieu, c'est-à-dire avec l'environnement réel et concret de l'apprenant, soit le laboratoire. Nous allons également nous appuyer sur l'approche socioconstructiviste selon Fourez (1994), où les connaissances scientifiques sont le produit standardisé d'une action collective (tel que cité dans Legendre, 2005). C'est donc à partir de ces 2 visions (Jonnaert/Vander Borght et Fourez) du socioconstructivisme que nous voulons développer un environnement informatisé d'apprentissage (EIA) qui donnera la possibilité à l'apprenant de pratiquer ses savoir-faire en interagissant directement avec son milieu, son environnement physique (Piaget, 1966), mais également avec son environnement social (Vygotsky, 1926) lorsque l'environnement permet à l'apprenant de clavarder et de communiquer avec son enseignant ou avec ses pairs.

2.6 Conception théorique d'un modèle d'acquisition du raisonnement scientifique

C'est en nous basant sur notre intuition d'enseignante que nous avons commencé à travailler sur un modèle heuristique d'apprentissage qui favoriserait autant l'induction que la déduction. Par la suite, nous avons validé ce modèle par des lectures qui nous ont amenées soit à le réfuter, soit à le confirmer.

> Les empiristes (en particulier les membres du Cercle de Vienne) ont tenté d'établir que les sciences expérimentales procèdent inductivement de l'observation de faits (rapportés dans des énoncés protocolaires) à l'établissement de lois à l'aide d'une logique inductive (Carnac, R., 1970). Cette conception de la recherche a cependant le défaut de faire de tout énoncé scientifique général (loi ou théorie) une hypothèse admise provisoirement en vertu du degré de confirmation que lui confèrent les observations. Pour surmonter cette difficulté, qui est le problème de l'induction mis en évidence par David Hume (1711-1776), Karl R. Popper (1902-1994) suggère que les sciences expérimentales procèdent déductivement et tentent de réfuter leurs hypothèses.
>
> (Legendre, 2005, p. 111)

C'est de cette citation, que nous est venue, l'idée de concevoir une démarche d'apprentissage en deux temps, inductive et déductive, pour la formation en sciences expérimentales. Mais l'idée est loin d'être nouvelle puisque Gaston Bachelard (1934), parlait déjà de réalisme et de rationalisme, tous deux essentiels à l'action scientifique.

> Ainsi, dès qu'on médite l'action scientifique, on s'aperçoit que le réalisme et le rationalisme échangent sans fin leurs conseils. Ni l'un ni l'autre isolément ne suffit à constituer la preuve scientifique;

> dans le règne des sciences physiques, il n'y a pas de place pour l'intuition du phénomène qui désignerait d'un seul coup les fondements du réel; pas davantage pour une conviction rationnelle – absolue et définitive – qui imposerait des catégories fondamentales à nos méthodes de recherches expérimentales.
>
> (Bachelard, G. 1934 p.14)

Ainsi la démarche proposée, dans un premier temps s'inspire de la méthode expérimentale et vise à construire un modèle selon l'approche inductive des sciences expérimentales et, dans un second temps, valider ou réfuter ce modèle scientifique ou empirique construit préalablement selon une démarche déductive. Donc, au fur et à mesure que l'apprenant fait de nouveaux apprentissages, par des séquences successives d'induction et de déduction, ses conceptions se modifient pour s'approcher d'une vision de plus en plus réaliste de son environnement. Cette vision (ou construction), créée par l'intermédiaire d'une démarche qui procède par expérimentation et validation successives, a pour but de parvenir à une explication rationnelle du phénomène observé sans jamais atteindre une conclusion absolue et définitive (figure 2.6.1 suivante).

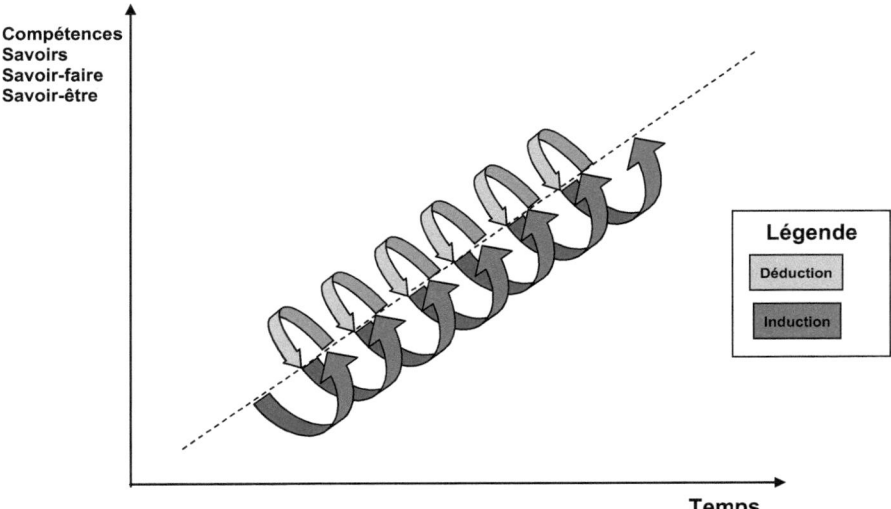

Figure 2.6.1 – *Démarche logique de l'élève dans l'EIA (Ex@O)*

2.7 Un modèle d'investigation scientifique adapté pour l'environnement Ex@O

> Un savoir, ce n'est pas ce que l'on observe, ce que l'on découvre, mais les notions, les concepts, règles, théorèmes, théories... que ces observations, ces découvertes et leurs mises en relation nous permettent de construire. Il s'agit donc de dépasser le réel pour élaborer un modèle explicatif abstrait (une abstraction modélisante pourrait-on dire).
>
> (De Vecchi, G. & Carmona-Magnaldi, N., 2002, p. 42)

Nous voulons nous inspirer d'une démarche d'investigation scientifique, à l'intérieur de l'environnement *Ex@O,* qui élaborera un « modèle explicatif abstrait », tel que perçu par De Vecchi et Carmona-Magnaldi.

Ainsi, les participants réaliseront une expérimentation *Ex@O* (à distance), en incluant dans un premier temps, l'appropriation des langages abstraits (graphique et algébrique) afin de concevoir un modèle, et dans un second temps, une validation analytique qui utilisera ce même modèle d'action et le validera en le confrontant à la réalité.

Ainsi, à la démarche traditionnelle axée essentiellement sur une approche déductive et utilisée dans la plupart des laboratoires de sciences (figure 2.7.1 – page suivante), nous voulons imposer des protocoles expérimentaux qui procèdent, à la fois, par une démarche inductive pour l'élaboration d'une loi ou d'un modèle explicatif (figure 2.7.2 – p. 29), et par une démarche déductive pour valider ou réfuter cette loi ou ce modèle proposé, tel que présenté à la figure 2.7.3 de la page 30.

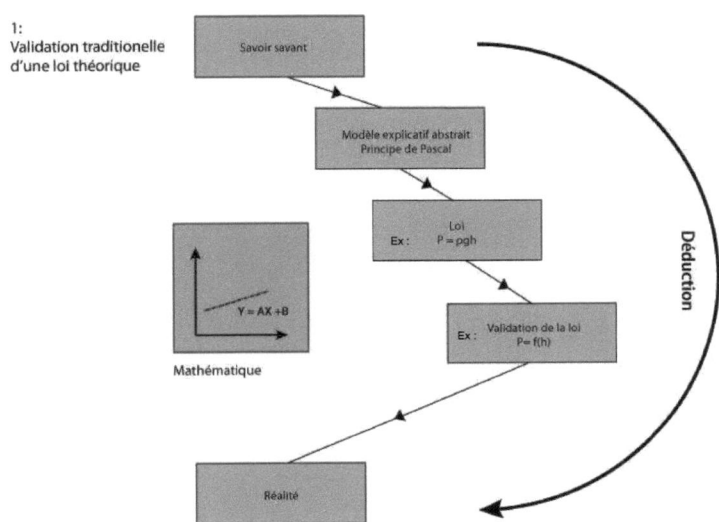

Figure 2.7.1 – *Validation traditionnelle (ou réfutation) d'une loi théorique –*
Exemple : Le Principe de Pascal ou P = f(h)

Dans un environnement d'apprentissage « traditionnel », la démarche pédagogique commence par une explication magistrale du modèle. Ensuite, l'enseignant demande à l'apprenant de valider ce modèle en l'expérimentant pour le confronter à la réalité selon une approche déductive comme dans l'exemple présenté dans la figure 2.7.1. Mais dans le cadre d'un programme ayant comme fondement théorique le socioconstructivisme et le développement de compétences, cette démarche essentiellement théorique et déductive est incomplète. Il faut donner à l'apprenant l'occasion de participer à la construction des savoirs en élaborant lui-même des lois (ou modèles explicatifs) de manière inductive comme dans la figure 2.7.2 suivante.

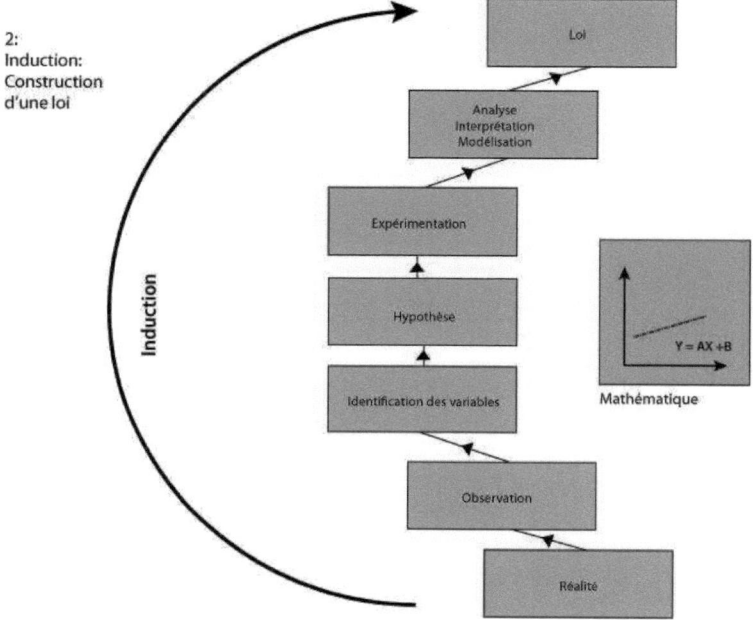

Figure 2.7.2 – *Construction d'une loi (Induction)*

Dans notre modèle d'apprentissage, la démarche inductive sera consacrée à la conception et à la construction d'un modèle explicatif et prédictif, alors que la démarche déductive (consulter la figure 2.7.3 suivante) à caractère analytique sera utilisée pour réfuter ou valider ce modèle. Ainsi, le modèle d'investigation scientifique sera plus complet, c'est-à-dire composé des figures 2.7.2 et 2.7.3. Il devra amener l'apprenant à être actif autant sur le plan de l'induction que sur celui de la déduction.

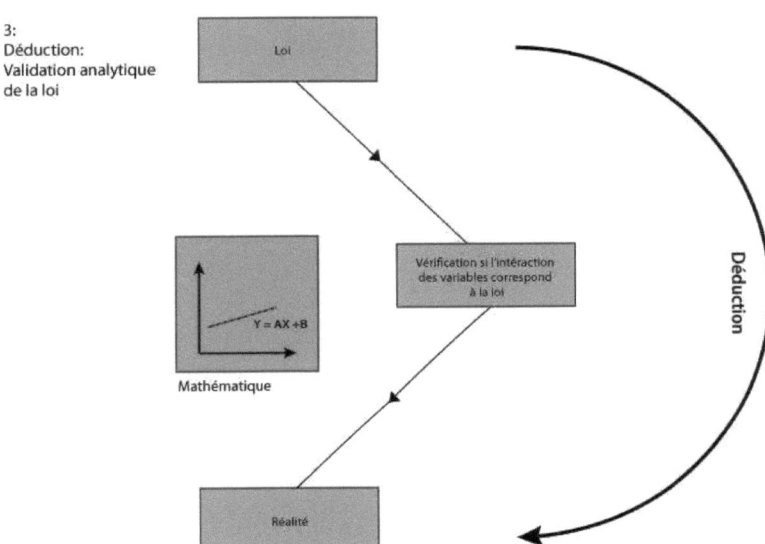

Figure 2.7.3 – *Validation (ou réfutation) analytique de la loi (Déduction)*

Nous tenons ici, à guider les apprenants de sciences et technologie dans un processus pas à pas pour acquérir la démarche expérimentale. Cette démarche devrait être transférable pour l'acquisition d'autres objets de connaissances ainsi que dans une grande variété de disciplines scientifiques. Ainsi, c'est au cours d'appropriations répétées de cette démarche, à la fois inductive et déductive, que l'apprenant pourra développer une autonomie intellectuelle propre à la démarche scientifique.

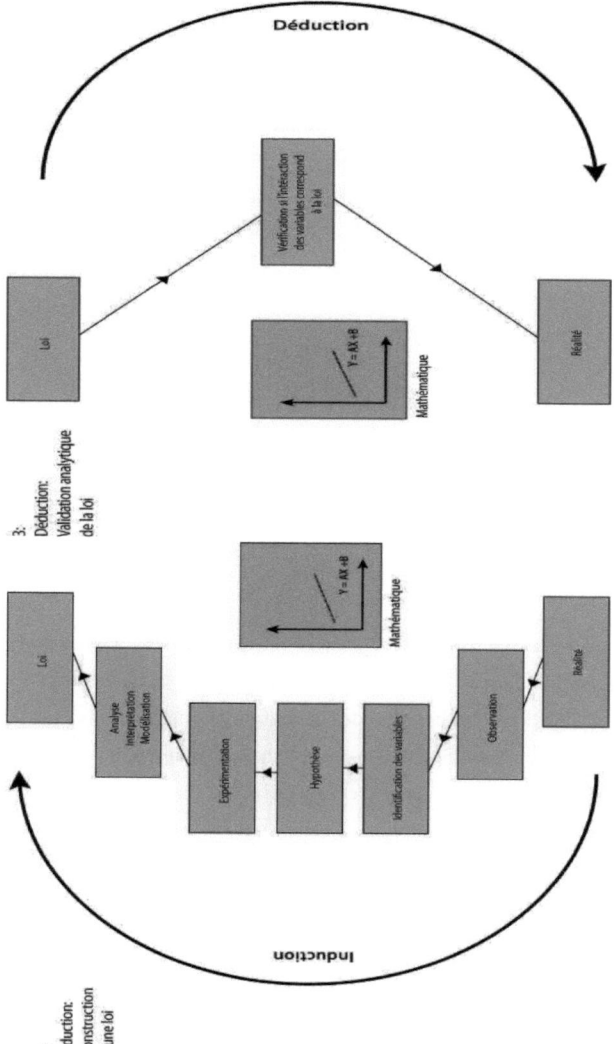

Figure 2.7.4 — *La démarche de l'apprenant dans le modèle d'investigation scientifique de l'environnement Ex@O en deux temps : Construction et Validation d'une loi (inspiré de Nonnon, P. (1985))*

Dans cette démarche expérimentale, la première phase, représentée dans la section de gauche de la figure 2.7.4, est celle d'une approche inductive. Cette phase est aussi caractérisée par des expérimentations (ExAO) faisant appel à une problématique scientifique et visant à dégager une ou des règles afin que l'apprenant puisse construire un « modèle explicatif abstrait », tel que décrit par De Vecchi et Carmona-Magnaldi (2002). De Vecchi définit ce modèle comme une construction intellectuelle. Toujours selon lui, il se construit par abstraction et généralisation. Il peut se matérialiser sous plusieurs formes : une loi, l'énoncé d'un concept, une théorie ou encore un schéma. Ce modèle explicatif abstrait peut être formulé en langage naturel pour des relations simples. Cependant, s'il est présenté sous forme de langage mathématique, soit graphique ou algébrique, il est alors beaucoup plus synthétique et efficace, ce qui facilitera la prédiction d'une interaction de variables physiques.

Par la suite, au cours de la seconde phase, représentée dans la section de droite de la figure 2.7.4, l'apprenant sera en mode déductif dans un processus de validation/réfutation.

Pour bien saisir le fonctionnement de notre modèle d'apprentissage, prenons l'exemple de l'étude de l'élongation d'un ressort en fonction de la force appliquée. Une fois que l'apprenant, après expérimentation de manière inductive, a observé une relation linéaire sur le graphique, il peut, en superposant une courbe théorique aux données empiriques de l'expérimentation, modéliser cette relation par une équation mathématique du type $y = ax + b$ comme dans la loi de Hooke ($F = k * l$), où

- y représente F : la force appliquée au ressort;
- k est la constante de rappel du ressort;
- et x identifie l : l'élongation que le ressort subit.

L'apprenant est alors amené à valider son modèle en posant comme valeur de x (ou l), une valeur se situant entre, ou au-delà, des valeurs mesurées pour définir le modèle (interpolation/extrapolation). Ainsi, si la relation du premier degré est valable entre certaines limites[7] (l'enseignant organise son activité d'apprentissage afin que la limite élastique du ressort ne soit pas dépassée), la valeur mesurée de y (*force appliquée au ressort*) devrait correspondre, à une incertitude près, à celle calculée à partir du modèle et égale à $k * l$.

Cependant, il arrive fréquemment qu'un enseignant, faute de ressources, restreigne le temps dévolu à l'apprenant en présentant rapidement le modèle scientifique de référence ce qui empêcherait celui-ci de créer lui-même son propre modèle explicatif abstrait. De Vecchi (2006) nomme cette pratique, une « monstration » (en référence à une démonstration), en arguant qu'elle ne sert qu'à montrer et qu'elle ne peut pas être qualifiée de véritable démarche expérimentale.

Cependant, si l'apprenant se réfère à notre modèle d'investigation scientifique et technologique, il ne se contentera pas de valider la loi, mais il pourra construire et valider cette loi dans un cycle induction/déduction.

Ainsi, si nous prenons comme exemple la relation entre la mesure de la pression dans un fluide et sa profondeur (ou hauteur), l'apprenant est amené à observer cette relation de manière graphique pour constater qu'il existe une relation de causalité entre la hauteur, variable indépendante et la pression, variable dépendante avant d'en établir un modèle explicatif, soit $p = f(h)$, dans un premier temps. Par la suite, il utilisera ce modèle inversé, soit $h = f(p)$, pour construire un profondimètre qui mesurera la hauteur d'un liquide à partir d'une mesure de pression. Enfin, l'apprenant pourra tester et valider son nouvel appareil de mesure en comparant les valeurs obtenues avec une profondeur réelle mesurée, par exemple, dans un cylindre gradué.

Nous croyons que le modèle d'investigation scientifique de l'environnement Ex@O proposé (figure 2.7.4) devra posséder deux principales qualités. Premièrement, il devra rendre possible la pratique, de manière constructive et cyclique, de l'induction et de la déduction et deuxièmement, il devra utiliser, intégrer les graphiques et les équations mathématiques comme support ou langage de codage pour exprimer et interpréter une

---

[7] Ce sont ces limites ou contraintes physiques qui différencient la mathématique de la science et de la technologie.

relation de causalité en sciences expérimentales. C'est cette relation exprimée sous forme algébrique ou graphique qui lui permettra de prédire la profondeur à partir de la pression. En combinant ainsi ces deux domaines de connaissances, on crée ici un environnement d'apprentissage où on utilise la mathématique pour exprimer un phénomène physique ce qui, d'autre part, apporte un contexte concret et signifiant à la mathématique.

Nous avons proposé une démarche expérimentale complète et interdisciplinaire qui se compose, à la fois, de l'induction et de la déduction et nous avons inscrit cette démarche dans un modèle d'investigation scientifique (figure 2.7.4) qui sera supporté et testé par le biais d'un environnement Ex@O de laboratoire à distance.

Pour satisfaire aux exigences du renouveau pédagogique à l'éducation des adultes, nous proposons un EIA en laboratoire et à distance qui aura comme principal avantage de combiner les sciences et la mathématique par l'entremise d'un environnement Ex@O. Cette combinaison sera réalisée au niveau de l'élaboration d'un modèle d'investigation scientifique qui s'appuie sur les concepts d'induction et de déduction. On veut ainsi provoquer chez l'apprenant une démarche en action, d'investigation expérimentale en utilisant la mathématique comme support au raisonnement scientifique. On aide alors l'apprenant à interpréter un graphique issu de résultats tangibles, et par cette démarche, nous pensons le convaincre de la nécessité de maîtriser le langage mathématique.

2.8 Conclusion méthodologique et considérations pratiques et théoriques

En résumé, pour tenir compte de la réalité expérimentale réelle qui inclut une partie importante de manipulations tant physiques que technologiques, nous allons inclure dans cette dernière démarche d'investigation scientifique, l'ensemble de ces manipulations. C'est cette nouvelle démarche, plus complète, mais plus proche des savoirs faire expérimentaux que nous utiliserons comme **modèle d'action**. C'est ce modèle d'action, évalué pas à pas, qui aura ici valeur de comportements attendus lors des différentes mises à l'essai. Celles-ci nous permettront de parfaire nos connaissances sur ce nouvel environnement d'Ex@O afin d'améliorer son utilisabilité (convivialité).

Dans le but de créer un véritable laboratoire qui permettra à l'apprenant de réaliser des expérimentations assistées à distance (Ex@O), en chimie, biologie, physique et technologie, nous allons donc :

1) concevoir un **modèle d'action** qui définit, de la manière la plus exhaustive possible, les interactions entre l'apprenant et l'environnement d'apprentissage;
2) élaborer et construire un prototype de laboratoire portable intégrant, de manière originale, les nouvelles technologies de l'information et de la communication avec l'expérimentation assistée par ordinateur (ExAO);
3) utiliser un système de vidéoconférence pour favoriser l'interaction entre l'enseignant et l'apprenant;
4) mettre au point un système de contrôle à distance pour permettre de faire des démonstrations, comme en présentiel;
5) mettre à l'essai ce prototype, de façon fonctionnelle, avec des experts et, de manière empirique, avec des enseignants et des apprenants;
6) améliorer progressivement, à la fois, le modèle d'action et le prototype.

3. Méthodologie de la recherche

La finalité de cette recherche n'est pas tant d'aller chercher des connaissances théoriques sur l'apprentissage des concepts scientifiques, mais de concevoir et de développer un environnement de laboratoire informatisé qui permet de pratiquer à distance (*Ex@O*) la démarche expérimentale. C'est pourquoi nous utiliserons une méthodologie de recherche et développement (R&D) adaptée à ce type de démarche, soit un modèle de recherche et de développement technologique en éducation.

Parmi les modèles de recherche et développement (R&D) investigués et qui sont développés à la section suivante, nous avons retenu celui de Nonnon (1993) parce qu'il nous semble plus opérationnel et qu'il est le seul à prendre en considération, à la fois, les avantages technologiques et les contraintes didactiques liées à ce type d'apprentissage en laboratoire.

Pour nous conforter dans ce choix, nous allons toutefois examiner plusieurs modèles de R&D en éducation.

3.1 Les modèles de recherche et de développement

Selon Van der Maren (1996, p. 179), ce type de recherche peut prendre trois formes : le développement de concept, le développement d'objet ou d'outil et le développement ou perfectionnement d'habiletés personnelles en tant qu'outils professionnels. Nous parlerons essentiellement de développement d'un objet technologique et didactique, c'est-à-dire d'un environnement informatisé d'apprentissage ou EIA puisque celui-ci est au cœur de notre recherche. Selon ce même auteur, cette recherche vise
« *la solution de problèmes formulés à partir de la pratique quotidienne en utilisant, au besoin, diverses théories élaborées par la recherche nomothétique* » . Ce type de recherche, toujours selon Van der Maren (1996), a pour but le développement et le raffinement des connaissances théoriques. Ce que nous associons à des recherches de type empirique.

Il ajoute que le développement d'un objet pédagogique comme, par exemple, celui d'un environnement informatisé d'expérimentations assistées à distance par ordinateur (Ex@O) doit suivre un cheminement proche de la résolution de problème.

Un autre modèle de R & D en éducation a également retenu notre attention. Il s'agit du modèle de Harvey et Loiselle (2007), modèle dont l'assise provient du modèle de Nonnon. Ces deux chercheurs considèrent que la contribution de la recherche développement est importante dans la mesure où le chercheur-développeur propose non seulement un produit développé, mais également une analyse de l'expérience qui lui permet d'en dégager des principes ayant potentiellement une portée qui dépasserait le contexte spécifique de la recherche réalisée. Bien que Harvey et Loiselle nous proposent un modèle synthèse très détaillé, constitué de cinq phases macroscopiques qui englobent chacune plusieurs étapes, nous avons choisi de nous tourner vers un modèle qui ne rassemblait que les éléments que nous considérons comme essentiels.

C'est notre pratique d'enseignement qui nous pousse à aller plus avant dans cette orientation, vers un modèle simple, qui tient compte du milieu de pratique et qui se rapproche encore davantage de nos préoccupations. Cette recherche de développement, qui part de préoccupations didactiques, inclut un processus de conception de manière à rendre la partie technologique (électronique et informatique associée à l'ExAO) tributaire de ces mêmes préoccupations didactiques. Cette démarche se concrétise par la réalisation d'un prototype physique. De plus, différents types de mises à l'essai sont prévus afin de réviser et de valider la démarche et le prototype en collaboration avec les enseignants. À cause de cela, ce type de recherche nous semble être plus pragmatique. Il s'agit de la recherche-développement technologique en éducation. Ce modèle est explicité dans le schéma suivant tiré de Nonnon (1993, p. 151).

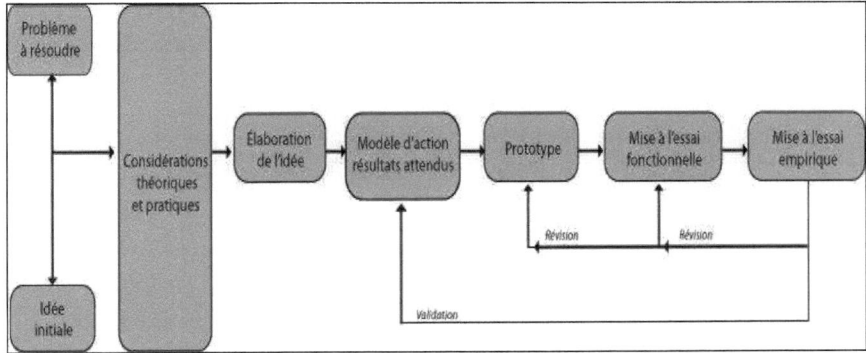

Figure 3.1 – *Modèle de recherche-développement technologique en éducation adapté de Nonnon* (1993)

Plusieurs aspects de ce modèle de recherche nous semblent intéressants. En premier lieu, l'aspect pragmatique de celui-ci, puisque cette recherche démarre par un problème à la fois d'ordre didactique et technologique à résoudre ou d'une idée à soumettre à l'épreuve, telle que la démarche de conception d'un EIA. Ensuite, nous apprécions particulièrement les deux types de mises à l'essai qui serviront à la validation de l'EIA.

Dans un article paru en 2003, Tricot et coll.[8] ont mis en évidence trois dimensions à l'évaluation d'un EIA. Ces trois dimensions sont : l'**utilité**, l'**utilisabilité** et l'**acceptabilité**. L'**utilité** assure l'adéquation entre l'objectif d'apprentissage défini[9] et l'atteinte de cet objectif, l'**utilisabilité** se définit comme la maniabilité ou la convivialité de l'EIA et l'**acceptabilité** fait référence à la facilité d'appropriation de l'EIA telle que perçue par ses utilisateurs. Or, les deux types de mises à l'essai prévues dans la recherche de développement technologique de Nonnon font appel à deux de ces dimensions, soit l'utilisabilité et l'acceptabilité.

Ce sont :

---

[8] Nous avons choisi de ne présenter la référence complète (avec tous les auteurs) que dans la bibliographie dans un souci d'aide à la lecture.
[9] Notons ici que l'objectif d'apprentissage défini consiste à rendre possible la pratique de la démarche expérimentale à distance, et non l'acquisition de concepts scientifiques.

1) Une première mise à l'essai fonctionnelle, faite en laboratoire, et destinée à vérifier l'aspect fonctionnel du prototype. Elle correspond à une première vérification de l'utilisabilité.

2) Une deuxième mise à l'essai empirique vise à réduire l'écart entre le prototype et le modèle d'action. Par les actions posées lors de cette mise à l'essai, nous voulons observer le niveau de maniabilité ou d'utilisabilité et l'ajuster en conséquence. Il pourrait également s'agir du meilleur temps pour vérifier le niveau d'acceptabilité de l'environnement, c'est-à-dire son degré d'appropriation par le milieu scolaire. Ce deuxième type de mise à l'essai consiste donc à provoquer une rétroaction sur le prototype d'environnement *Ex@O* dans le cadre d'une utilisation en classe. Cette façon de procéder ressemble à une recherche-action puisque les variables seront découvertes au fur et à mesure de cette action et ne sont pas définies *a priori*, comme dans une recherche systémique ou expérimentale. Cette étape de la recherche nous donne la possibilité d'aller chercher un ensemble de connaissances sur les pratiques éducatives et l'environnement Ex@O, de manière à réduire l'écart entre l'école et l'Ex@O, c'est-à-dire adapter l'école à son époque ou améliorer l'environnement Ex@O en fonction des pratiques éducatives.

Enfin, le dernier aspect de la recherche de développement technologique de Nonnon qui s'avère « rassurant » en terme de validation de la recherche, est constitué de boucles de rétroaction provenant des différentes mises à l'essai en fin de démarche. Ces boucles nous donnent la possibilité, à la fois, d'affiner le modèle d'action et de corriger le prototype d'*Ex@O,* ce qui devrait insuffler une certaine acceptabilité-validation autant théorique que pratique à cette recherche.

D'autre part, dans la conclusion de l'article de Tricot et coll. (2003), les auteurs semblent être en accord avec l'idée des boucles de rétroaction des mises à l'essai, comme cela est mentionné dans le modèle de recherche de Nonnon (1993) puisqu'ils indiquent :

> Il nous semble qu'une approche itérative de l'évaluation au cours du processus de conception [...] pourrait prévenir la grande majorité des défauts de l'EIAH[10] conçu.
>
> (Tricot et coll., 2003)

Ajoutons qu'en plus de valider le modèle et le prototype, les différentes mises à l'essai devraient avoir également comme objectif complémentaire d'aider les enseignants à s'approprier l'environnement Ex@O. D'ailleurs, l'acceptabilité ou la facilité avec laquelle les enseignants et les apprenants vont s'approprier cet environnement sera pour nous, une variable des plus importantes, qui sera prise en compte bien sûr, pour réviser à la fois, le prototype Ex@O et le modèle d'action.

3.2 Quelques pistes de réflexion sur l'évaluation de l'Ex@O

Nous croyons que la performance technologique du dispositif, en tant que telle, n'est pas suffisante pour évaluer un environnement d'apprentissage. Nous devons, de plus, pour améliorer l'environnement, prendre en compte son acceptabilité (sa facilité d'appropriation par les enseignants et les apprenants), critère que Poyet et Ben Abdallah (2006) considèrent comme l'une des trois dimensions essentielles pour l'évaluation d'un EIA. Ils ajoutent qu'elle fait très souvent défaut dans l'évaluation d'un environnement. En effet, en sélectionnant 18 publications types sur les 99 recensées dans leur corpus, Poyet et Ben Abdallah (2006) ont noté qu'aucune ne traitait du critère d'acceptabilité de l'EIA par le milieu éducatif. Ceci est sans doute dû au fait qu'en éducation, on développe une application en fonction des moyens existants. C'est-à-dire qu'on utilise généralement un outil technologique en usage afin de lui donner, par la suite, une vocation à caractère didactique. On adapte alors la pédagogie à la technologie au lieu de faire l'inverse.

Ici, au contraire, nous allons concevoir le moyen technologique en fonction de son application didactique éventuelle. C'est-à-dire, partir d'un besoin pédagogique pour

---

[10] L'abréviation EIAH est utilisé en France pour désigner un environnement informatisé d'apprentissage EIA. Le «H» ajouté spécifie qu'il s'agit d'un apprentissage **h**umain.

concevoir et développer l'outil technologique en fonction de son application didactique puisqu'au laboratoire de robotique pédagogique de l'Université de Montréal nous possédons les sources des logiciels et les plans du matériel. Le critère d'acceptabilité de l'EIA sera donc considéré dans notre analyse.

Enfin, Poyet et Ben Abdallah concluent qu'il n'existe pas de méthodologie d'évaluation spécifique aux EIA(s), mais qu'il en existe plusieurs provenant de différentes disciplines.

Aux fins de cette recherche, nous utiliserons différents outils d'observation et d'évaluation, tels que des grilles d'items d'observation des comportements attendus, des observations libres intégrées dans une actographie des comportements, des tableaux synthèse de difficultés rencontrées, des protocoles/rapports complétés par l'apprenant, les commentaires et suggestions des apprenants et expérimentateurs afin d'évaluer les niveaux d'utilisabilité et d'acceptabilité de l'environnement Ex@O.

Rappelons qu'avec le modèle de recherche choisi, il découle que l'environnement Ex@O se construira de manière progressive visant ainsi l'amélioration de celui-ci. Procédant par boucles de comparaisons internes et de modifications consécutives, ces évaluations successives nous donneront la possibilité de corriger et/ou d'améliorer l'environnement Ex@O.

4. Élaboration de l'idée

Nous allons ici décrire les caractéristiques techniques et pédagogiques retenues pour la conception de notre environnement informatisé d'expérimentations assistées à distance par ordinateur (Ex@O).

4.1 Connaissances actuelles sur les moyens informatisés utilisés en formation à distance

Quelques expérimentations en sciences ont été menées en milieu universitaire, elles proposaient à des apprenants de travailler sur un montage expérimental déporté, c'est-à-dire loin de l'apprenant, mais proche de l'enseignant et situé dans un laboratoire institutionnel (voir la figure 4.1.1 de la page suivante).

Ce type d'expérimentation a été réalisé, entre autres, au *Conservatoire National des Arts et Métiers* à Paris par le groupe *ÉVARISTE* (Rellier, 2002). Dans cette recherche, l'apprenant pilotait et observait via un écran d'ordinateur des expérimentations réelles, mais déportées; il n'était donc pas en contact direct avec celles-ci (figure 4.1.1). Pour des raisons évidentes de complexité technologique, il aurait été difficile dans cette situation d'apprentissage « déportée » d'imaginer la planification complète d'une expérimentation conçue par l'apprenant, on a dû se contenter de choisir parmi un ensemble de protocoles et de montages expérimentaux prédéfinis, imposés et préparés d'avance par l'enseignant. De plus, à cause des difficultés liées à sa gestion, de complexité technologique et de coûts qui y étaient associés, cette expérimentation pilote n'a jamais pu être généralisée et transférée à la formation à distance. Elle s'est limitée à faciliter le travail de quelques étudiants hospitalisés.

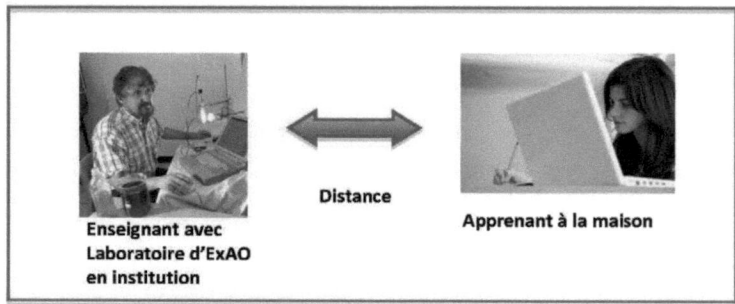

Figure 4.1.1 — *Schéma de l'apprenant et du laboratoire ExAO déporté (chez l'enseignant)*

Notre approche se veut différente en ce sens que nous voulons placer l'apprenant en contact direct avec son expérimentation. Pour ce faire, nous devrons doter l'apprenant d'un laboratoire complet comprenant tous les appareils de mesure. Ce laboratoire ne sera pas déporté et ne se contentera pas de simulations. Il sera réel et soumis au contrôle direct de l'apprenant. Un laboratoire portable où les expérimentations de l'apprenant devront être observées, mais aussi, au besoin, contrôlées à distance par l'enseignant (figure 4.1.2 à la page suivante). De plus, dans une mise à l'essai empirique, nous allons montrer et vérifier son réalisme au plan pédagogique.

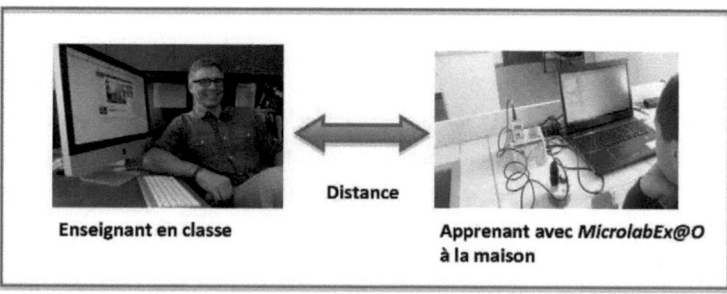

Figure 4.1.2 — *Schéma de l'apprenant avec ExAO et de l'enseignant à distance (Environnement Ex@O)*[11]

---

[11] Notons que l'environnement développé ici sera réversible, c'est-à-dire qu'il permettra, autant à l'apprenant qu'à l'enseignant de contrôler un laboratoire à distance. Toutefois, nous n'avons pas évalué cette réversibilité.

La technologie Internet actuelle nous autorise à réaliser un support à distance, limité à des activités d'enseignement de type magistral, excluant toute activité en laboratoire. Toutefois, le développement de nouveaux outils Internet de visioconférence comme *TeamViewer*, associé à un environnement d'ExAO, nous permet d'envisager un support à distance pour des activités d'apprentissage en laboratoire. Ces technologies Internet nous affranchiraient des contraintes liées aux horaires rigides, à la distance ou au lieu de formation (d'Ham, C. & I. Girault, 2005).

Les outils Internet disponibles se classent en deux catégories, les outils asynchrones où l'interaction enseignant-apprenant est différée dans le temps et les outils synchrones où cette interaction est quasi simultanée.

Outils asynchrones

- Le *message électronique* ou *courriel* permet un dialogue (questions et réponses) entre l'apprenant et son enseignant sans contraintes d'espace ou de temps. Notons qu'il sert aussi à télécharger des documents (plans de cours, références, vidéos, travaux, corrections…) qui seront joints au message.
- Le *forum* a, *grosso modo*, la même utilité que le message électronique, sauf qu'il s'applique à un groupe d'apprenants qui partagent une même tâche. En formation à distance, c'est généralement l'enseignant qui dirige et gère ce forum : il affiche chronologiquement toutes les interactions du groupe et collige ainsi l'ensemble du travail de celui-ci. C'est, par exemple, un espace commun d'échanges entre les apprenants et leur enseignant pour effectuer un travail coopératif.

Outils synchrones :

- *La communication textuelle* ou *clavardage* (*chat* en anglais) rend possible la conversation par écrit avec un ou plusieurs interlocuteurs.
- *La communication audio* offre les mêmes fonctionnalités que la communication textuelle, mais se fait dans un format audio, comme avec un téléphone.

- *La communication audio et visuelle* ou *visioconférence* assure une communication auditive et visuelle entre deux personnes, ou même, si l'on dispose de moyens plus sophistiqués, entre plusieurs utilisateurs.
- *L'application partagée* est la prise en main à distance d'une application. Cette fonctionnalité qui partage une application entre deux personnes est utilisée principalement pour faire du dépannage sur un logiciel ou de l'assistance informatique en ligne.
- *Les campus virtuels (à composantes synchrones et asynchrones)* sont des outils plus sophistiqués en formation à distance. Citons, par exemple, les portails et les classes ou campus virtuels tels *WEB CITY, MOODLE, SAKAÏ*, etc. Ces applications généralistes (Paquette et coll., 1997) intègrent l'ensemble ou une partie des outils informatiques disponibles actuellement.
- *Le contrôle de procédés à distance* : la tendance actuelle, de l'informatique en général et du contrôle de procédés en particulier, est d'aller vers une architecture des applications de type client/serveur. Utilisé surtout de manière industrielle, le contrôle de procédés surveille et pilote à distance un processus industriel comme une station météo, le chauffage et la ventilation d'une bâtisse, etc. En formation à distance comme nous la concevons, on l'utilise afin que l'apprenant observe et contrôle à distance un système industriel comme un robot ou une expérimentation de laboratoire déportée à des fins pédagogiques. On dissocie alors la génération des données de leur utilisation, la génération des données étant localisée dans l'institution de formation (Rellier, 2002) (consulter la section 4.1 de ce document). On retrouve aussi des environnements qui intègrent ExAO et simulations où la prise de données (faite à l'aide d'une caméra Web) et l'expérimentation sont localisées dans la même institution (Riopel, 2005).

Dans notre recherche, le processus que nous voulons observer, assister et contrôler à distance, au bénéfice de l'apprenant, est un environnement complet d'expérimentations assistées par ordinateur (Ex@O), localisé près de lui et avec lequel il peut manipuler et expérimenter.

4.2 Concevoir et mettre à l'essai un laboratoire d'expérimentations assistées à distance par ordinateur (*Ex@O*)

Note : *La démarche décrite par notre **modèle d'action** nécessite un savoir-faire expérimental accompagné d'une maîtrise fonctionnelle des outils informatiques de l'ExAO. Cette appropriation ne peut se faire aisément sans une pratique soutenue et facilitée par l'enseignant ou le technicien. Ce soutien en temps réel est, selon nous, indispensable si l'on veut maintenir l'intérêt et la motivation de l'apprenant.*

Même si on peut techniquement utiliser le laboratoire d'Ex@O à la maison, encore faut-il, comme pour tout bon système de formation, lui donner des fonctionnalités propres à fournir une assistance à distance, un encadrement autant technologique que pédagogique pour l'apprenant. Cet encadrement pourrait se faire de manière traditionnelle par téléphone ou, comme dans d'autres domaines, via Internet. Seulement, l'apprentissage en laboratoire a des exigences spécifiques : il faut non seulement répondre aux questions de l'apprenant sur le plan théorique, mais aussi, ce qui est plus délicat, l'aider, au besoin, dans la mise en œuvre de son expérimentation en corrigeant son schème expérimental ou en lui montrant concrètement comment il devrait agencer et paramétrer son expérimentation[12]. Par exemple, il pourrait arriver qu'un apprenant ne pense pas à utiliser l'amplificateur intégré afin de mieux cerner les mesures des variables étudiées, ce que l'enseignant pourrait corriger et visualiser à distance. Comme dans un laboratoire réel en ExAO, l'enseignant ou le technicien, en ayant un accès direct au montage expérimental, peut prendre le contrôle physique de l'expérimentation pour montrer immédiatement à l'apprenant comment paramétrer son amplificateur à décalage pour corriger le problème et vérifier avec lui que cet ajustement améliore la précision de son capteur.

Cette aide en ligne, basée sur une action réelle, mais à distance, de l'enseignant sur le montage expérimental de l'apprenant n'a, à notre connaissance, jamais été réalisée en ExAO. Notre approche sera donc différente des approches à distance précédentes, plus proche du laboratoire traditionnel, plus « constructiviste » en ce sens que l'apprenant

---

[12] La complexité de la démarche et de l'environnement nous oblige à aider, au besoin, l'apprenant afin de ne pas le laisser dans une situation de blocage.

pourra faire de l'investigation scientifique en étant en contact direct avec une expérimentation réelle. Celui-ci pourra effectuer le montage de son expérimentation, l'enseignant visualisera la démarche de l'apprenant en mode visioconférence et interviendra, au besoin, en mode « application partagée »[13] pour corriger le protocole de l'apprenant en paramétrant l'expérimentation à distance (mode « contrôle de procédés à distance »). En plus de fournir une aide à la planification, l'enseignant pourra, comme dans un laboratoire traditionnel, exécuter et visualiser l'expérimentation à distance pour valider ses corrections avec l'apprenant sur ce microlaboratoire réel.

Pour contrôler l'interface *Microlab ExAO*, nous avons retenu le logiciel de prise en main à distance *Teamviewer*, qui permettra à l'enseignant d'exercer un contrôle à distance sur l'expérimentation de l'apprenant. De plus, grâce à l'outil de visioconférence intégré, ce logiciel permettra un dialogue intéressant entre l'enseignant et l'apprenant. Ils pourront nuancer, voire reformuler, l'ensemble de la démarche scientifique ou les résultats obtenus, ce qui est conforme aux pratiques actuelles qui stipulent que chaque expérimentation devrait être complétée par une discussion postlaboratoire.

---

[13] Ce microlaboratoire contrôlé à distance est physiquement réalisé par le laboratoire de robotique pédagogique de l'Université de Montréal.

5. Modèle d'action et comportements attendus

Dans notre environnement Ex@O, en plus de s'approprier le modèle d'investigation scientifique, présenté à la page 36, l'apprenant devra maîtriser d'autres savoir-faire technologiques spécifiques à l'Ex@O, tels que les techniques de communication à distance, la capacité d'ajuster les échelles de mesure ou le signal à l'aide de l'amplificateur à décalage programmable, l'utilisation adéquate de l'oscilloscope ($y = f(t)$ ou $y = f(x)$), l'ajustement progressif d'une courbe de régression sur les données expérimentales (modélisation graphico-statique), etc.

Donc, plutôt que de s'attarder à l'étude morcelée et détaillée de chacune des opérations décrites ci-dessus, nous allons privilégier une approche systémique, telle que définie par Joel de Rosnay (1975) pour appréhender la démarche d'investigation scientifique et technologie de manière globale, incluant les aspects expérimentaux et technologiques de cet environnement informatisé d'apprentissage. Pour ce faire, nous allons concevoir et développer un **modèle d'action** qui inclut l'ensemble de ces caractéristiques (démarche d'investigation et aspects expérimentaux et technologiques sous forme de démarche de manipulation), tel que décrit à la figure 6.3.1.2 à la page 57. Notons qu'ici, les résultats sont centrés sur l'acquisition de cette démarche et non sur l'apprentissage de contenus disciplinaires. D'autant plus que cela répond à l'idée de développement de cette recherche qui est de rendre possible la pratique de la démarche d'investigation scientifique en laboratoire à distance, avec ou sans aide de l'enseignant.

5.1 Description de l'environnement Ex@O

L'environnement ici développé devra donc amener les apprenants, en contexte de formation à distance, à pratiquer facilement et rapidement la démarche complète d'investigation scientifique et technologique telle que proposée par notre modèle d'action. L'objectif principal de cette recherche sera donc de donner à l'apprenant des savoir-faire expérimentaux intégrés par une pratique assidue de la démarche, étant entendu que ces savoir-faire devront s'acquérir de manière globale et synthétique. Notre stratégie n'est donc pas de faire apprendre chacune de ses activités séparées et disjointes, mais de les intégrer dans un processus global d'apprentissage par réplication d'expérimentations classiques. Les protocoles de ces expérimentations, élaborés et testés depuis plusieurs années en présentiel, et transposés dans notre modèle d'action, nous serons utiles pour :

1. tester notre modèle d'action;
2. évaluer et discuter des résultats de leur utilisation dans notre recherche effectuée à distance.

5.1.1 Description des protocoles d'expérimentation utilisés avec l'Ex@O

Tous les protocoles d'expérimentation utilisés sont présentés à l'annexe C. Cependant, afin de colliger aisément la démarche des apprenants, nous avons, très majoritairement, eu recours aux protocoles d'expérimentation qui nécessitaient la construction d'un thermomètre ou d'un luxmètre, deux appareils de mesure très semblables au niveau de leur conception. Pour chacun de ces protocoles d'expérimentation, nous débuterons par une mise en situation afin de susciter et orienter un questionnement. Par la suite et à partir d'une démarche inductive en **sciences expérimentales**, l'apprenant devra, avec ou sans l'aide de l'enseignant, identifier les variables, formuler une hypothèse, réaliser une expérimentation, puis exprimer ses résultats sous forme d'une loi ou modèle **mathématique** en utilisant cet environnement Ex@O.

Dans ce modèle d'action, la loi ou le modèle ne fera pas l'objet d'une validation analytique par l'apprenant, comme cela se fait généralement en sciences expérimentales, mais d'une validation d'ordre **technologique** où l'apprenant devra concevoir un instrument de mesure, par exemple une jauge à liquide. Ainsi, il utilisera la relation établie précédemment entre la pression et la hauteur ($p = \rho*g*h$) pour déterminer, à partir de la pression, la profondeur (h) ($h = p/\rho*g$) en maintenant constantes la nature du liquide (ρ) et la gravitation (g). C'est cette dernière étape qui devrait nous donner la possibilité d'intégrer dans une même activité les sciences expérimentales, la mathématique et la technologie.

L'originalité de cette recherche est de rendre possible, la pratique de la démarche complète d'investigation de l'apprenant en engageant des interactions entre l'objet expérimenté et l'apprenant, entre l'apprenant et l'enseignant, et entre l'objet expérimenté et l'enseignant.

Les comportements attendus découleront directement des difficultés observées chez l'apprenant. Nous nous attendons à déterminer si ces difficultés sont d'ordre technique ou didactique, à proposer pour chacune une solution pratique, sous forme d'améliorations suggérées. Pour consulter ces suggestions, voir le tableau 6.4.1.1. Celles-ci pourront être corrigées immédiatement par l'enseignant ou pour des améliorations plus complexes en temps différé au laboratoire de robotique pédagogique (LRP) par :

1. une amélioration ergonomique ou technique du logiciel ou du matériel;
2. une amélioration au protocole.

Pour évaluer ce processus ou modèle d'action, parallèlement à cette aide à distance, l'expérimentateur-enseignant consignera sur une grille d'observation semi-structurée les difficultés rencontrées par l'apprenant. Ces difficultés seront classées selon deux critères :

1) les difficultés inhérentes à la démarche d'investigation (DI);
2) les difficultés associées à l'utilisation de ce nouvel environnement Ex@O sous forme de démarche de manipulation (DM).

Notons qu'avec cet environnement nous pouvons visualiser une actographie complète des comportements et des interactions de l'apprenant (tableau 6.4.1.1) avec la totalité de l'activité expérimentale. C'est par ce moyen que nous allons identifier des difficultés non prévues par la grille d'observation.

Nous nous attendons à ce que les apprenants suivent de manière séquentielle, avec l'aide de leur enseignant, l'ensemble de la démarche d'investigation scientifique et technologique, telle que décrite par le modèle d'action (figure 6.3.1.2 à la page 57). Pour ce faire, les apprenants disposeront d'un environnement complet de laboratoire *Ex@O* avec lequel ils pourront se poser des questions, les opérationnaliser sous forme d'une hypothèse qu'ils vérifieront en construisant un schème de contrôle des variables afin d'observer et d'évaluer graphiquement et algébriquement l'interaction de ces variables. Ce sont ces dernières opérations de modélisation qui rendront possible la prédiction graphique ou algébrique de l'effet de la variable « cause » sur la variable « effet ».

Enfin, nous pensons que si l'apprenant doit réaliser l'ensemble de la démarche d'investigation dans une même activité d'apprentissage, il devra mettre en oeuvre :
1) une démarche scientifique complète, telle que définie par notre modèle d'action afin de mettre en évidence une relation de causalité entre deux variables;
2) une démarche mathématique pour observer et modéliser algébriquement, sous la forme d'une loi, cette interaction de variables;
3) une démarche d'ordre technologique qui consistera à réaliser un objet technologique qui permettra de valider cette loi de manière fonctionnelle.

5.2 Les outils d'observation et d'évaluation

Pour effectuer cette recherche, nous nous sommes d'abord basé sur le modèle d'investigation scientifique et technologique qui servait de trame de fond à tous les protocoles/rapports soumis aux différents participants, modèle déjà utilisé dans le cadre d'activités de laboratoire institutionnel en ExAO.

Ce modèle étant incomplet pour rendre compte de l'ensemble des manipulations effectuées par les participants en laboratoire Ex@O, nous avons donc conçu un modèle d'action découlant de ce modèle d'investigation, dans lequel chacun des comportements attendus du participant sera colligé. Ainsi, le modèle d'action, présenté à la figure 6.3.1.2 (p.57), comprend toutes les manipulations sur l'objet expérimenté ainsi que sur le matériel Ex@O.

C'est donc en se basant sur les différentes étapes de ce modèle d'action que nous avons conçu une grille d'items d'observation des comportements attendus. Cette grille d'items d'observation structurée sera remplie pour chaque apprenant lors de chaque expérimentation. À l'aide de cette grille, nous pourrons relever, pour chaque item d'observation structurée, le niveau d'aide nécessaire à la poursuite de l'expérimentation de l'apprenant, en suivant la démarche préconisée par l'ensemble de toutes les étapes de notre modèle d'action.

Pour synthétiser l'ensemble des comportements attendus, recueillis à l'aide de la grille d'observation, nous avons calculé la moyenne des résultats de tous les participants pour chacun des items de la grille sous forme d'un tableau (figure 6.3.1.3 de la page 59). Ce tableau nous servira à identifier l'occurrence des difficultés et à quantifier celles-ci. Il nous permettra d'obtenir un résultat quantitatif pour chacun des items. Avec l'ensemble de ces résultats, nous pourrons identifier les items d'observation structurée qui nécessitaient le plus d'aide auprès des participants. Pour chacun de ces items identifiés, nous pourrons alors décider s'il est approprié ou non de faire des suggestions pour modifier certaines composantes logicielles ou matérielles de l'environnement Ex@O. Dans ce type de recherche et de développement, il est également nécessaire de prendre en compte les comportements non prévus, c'est-à-dire ceux colligés sous forme d'observations libres. Aussi, pour tenir compte de l'ensemble des comportements, nous allons intégrer les observations structurées et les observations libres sous forme d'une actographie qui rassemblera sous une même forme, tous les comportements des apprenants. Pour faciliter l'interprétation et la compréhension de cette actographie, elle sera commentée avec un exemple réel : la conception d'un thermomètre. Pour chacune des trente-sept étapes de cette actographie :

1. nous présenterons de manière imagée la conception de ce thermomètre;
2. nous idendifierons les comportements attendus ou non;
3. nous colligerons les difficultés observées;
4. et nous suggérerons, au besoin, des modifications ou améliorations à apporter tant au modèle d'action qu'à l'environnement Ex@O.

Tout au long de ces expérimentations, les apprenants seront soutenus à distance par le biais de l'environnement Ex@O. Les difficultés seront donc surmontées avec l'aide de l'enseignant ou de l'expérimentateur afin que les apprenants complètent l'expérimentation demandée. Dans ce contexte, comme dans un laboratoire institutionnel, tous devraient réussir à compléter le cycle complet de la démarche d'investigation scientifique et technologique, tel que défini dans notre modèle d'action. Il est à noter que dans cette R & D, nous évaluerons la capacité de l'environnement Ex@O à soutenir l'apprentissage à distance et non la performance de l'apprenant.

6. Analyse et interprétation des résultats

6.1 Contextes des mises à l'essai

Une mise à l'essai fonctionnelle a été effectuée, au cours de l'automne 2011, par des experts, enseignants en exercice ou membres du laboratoire de robotique pédagogique (LRP). Durant les six rencontres avec les enseignants en exercice, une appropriation de l'environnement Ex@O fut d'abord nécessaire pour qu'ils puissent, par la suite, examiner et critiquer l'environnement et les protocoles/rapports de laboratoire proposés.

Lors de la mise à l'essai empirique, trois types de sujets ont collaboré à cette mise à l'essai : un groupe de douze étudiants en formation initiale des maîtres, un groupe de seize enseignants en formation continue et deux enseignants en exercice à l'éducation des adultes accompagnés de leurs élèves. Pour les deux premiers groupes de participants, nous avons fait office d'expérimentateur. Pour le troisième groupe, deux enseignants en exercice ont agi à titre d'expérimentateurs auprès des six jeunes adultes en formation.

6.2 Mise à l'essai fonctionnelle

Pour le premier prototype, les experts nous ont révélé que l'installation du logiciel de communication *Teamviewer* exigeait plusieurs opérations relativement complexes. Ils ont recommandé, afin de ne pas nuire à une appropriation aisée de notre environnement Ex@O, de rédiger une procédure d'installation et de mise en route du logiciel *Teamviewer* à inclure dans le logiciel *MicrolabExAO*.

Nous avons donc intégré au logiciel une aide en ligne qui précisait, pas à pas, les étapes d'installation et de mise en route du logiciel de communication. Cette procédure est facilement accessible pour les apprenants par un onglet *Aide en ligne* intégré dans la page d'accueil du logiciel *MicrolabExAO*.

Quelques corrections mineures sur la formulation des protocoles expérimentaux, ont été également proposées par les experts qui ont testé chacune des expérimentations.

Ces corrections ont été apportées avant la dernière mise à l'essai fonctionnelle.

Les mêmes experts ont montré que l'environnement Ex@O s'est avéré parfaitement fonctionnel lors d'une dernière mise à l'essai.

6.3 Mise à l'essai empirique

6.3.1 Introduction

Pour bien suivre le cheminement des vingt-huit apprenants dans leur démarche d'investigation et de conception d'un appareil de mesure, nous conseillons au lecteur de se référer au modèle d'action à la page 57, figure 6.3.1.2 qui présente, de façon séquentielle l'ensemble de la démarche de l'apprenant au cours d'une expérimentation. Afin de conserver les traces des comportements de chacun des apprenants, nous avons, à l'aide de la grille d'items d'observation, suivi et colligé de manière exhaustive, autant la Démarche d'Investigation (DI) de l'apprenant que les manipulations sur l'instrument de laboratoire en Ex@O (démarche de manipulation ou DM) en grisé sur cette grille.

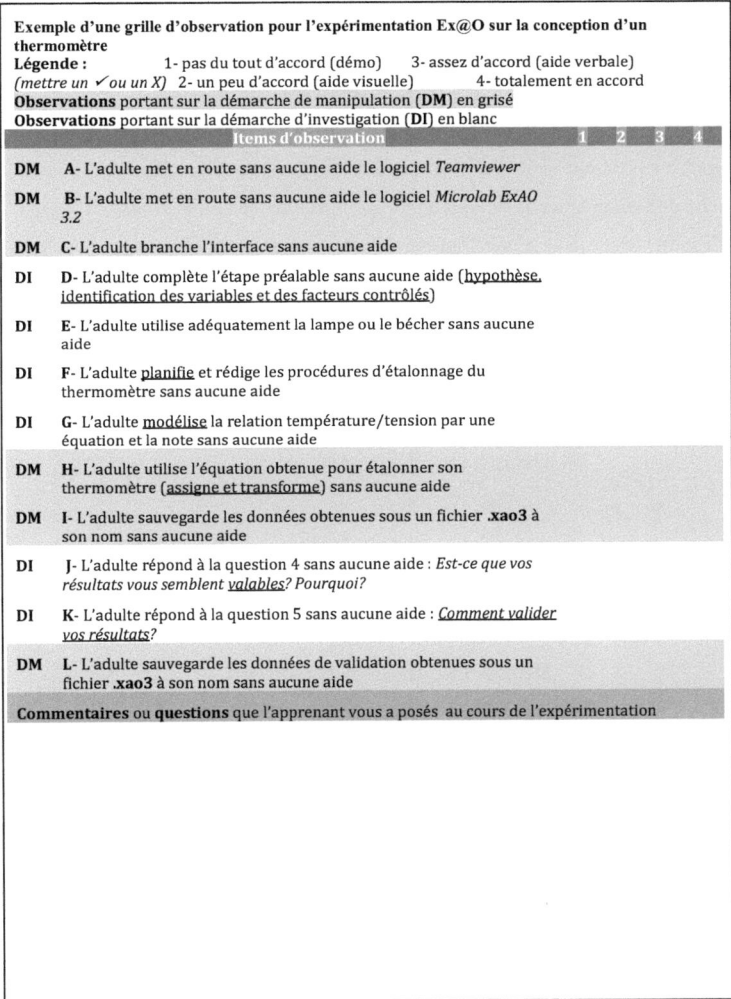

Figure 6.3.1.1 – *Exemple d'une grille d'observations (items) incluant des éléments du rapport d'expérimentation*

Chaque lettre de cette grille représente une étape dans la démarche de l'apprenant en expérimentation.

De plus, afin de bien illustrer chacune des étapes de la démarche de l'apprenant en relation avec notre modèle d'investigation (présenté à la page 30, figure 2.7.4), nous avons transposé cette grille sur un modèle d'action en incluant et en différenciant les étapes propres à la démarche d'investigation (DI), des étapes (ou de celles) spécifiques à la démarche de manipulation (DM) qui réfère à l'utilisation de l'environnement Ex@O. Au bénéfice du lecteur, nous avons transposé les items d'observation dans ce modèle d'action. Ainsi, vous retrouvez, à la figure 6.3.1.2 ci-après, une représentation des principaux items d'observation (DI et DM).

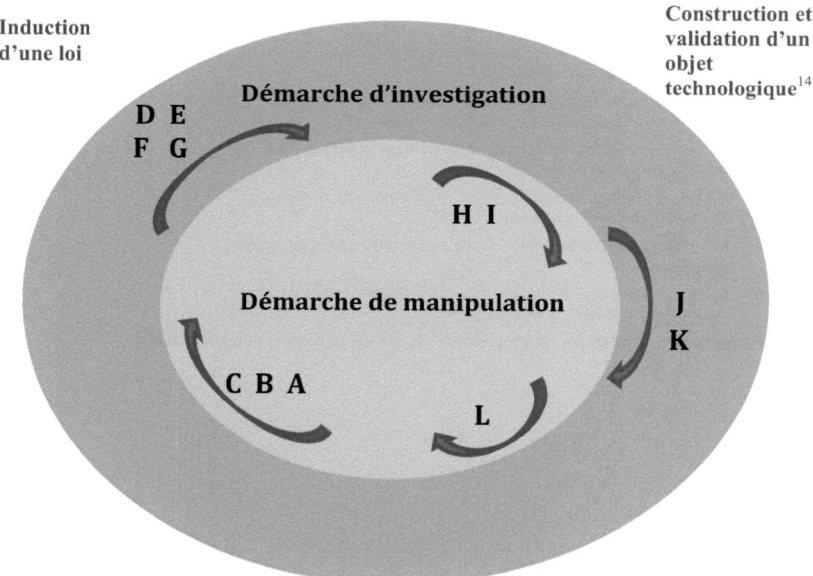

Figure 6.3.1.2[14] – ***Modèle d'action*** : *Les items d'observation de la démarche séquentielle de l'apprenant en Ex@O.*

---

[14] Notons ici que, dans notre modèle d'action, la phase déductive où l'on valide la loi a été remplacée par la construction et la validation d'un objet technologique.

Dans ce schéma, les différentes lettres représentent, de façon séquentielle, les items à observer lors de la démarche complète d'expérimentation des apprenants en Ex@O. Ces items d'observation (DI et DM) ont été placés, par ordre d'apparition, dans la séquence d'apprentissage d'induction et de déduction de notre **modèle d'action**. Dans la couronne intérieure, teintée de vert, on trouve les items d'observation découlant de la démarche de manipulation (DM), alors que dans la couronne extérieure du schéma (teintée de lilas), on remarque les items d'observation propres à la démarche d'investigation (DI) de l'apprenant. Ainsi, douze items d'observations seront analysés et interprétés principalement en fonction des difficultés rencontrées par les sujets tant dans la démarche d'investigation que dans l'utilisation de l'environnement Ex@O.

Dans ce sous-chapitre, nous allons analyser les résultats obtenus par les sujets du groupe d'enseignants à la maîtrise en éducation (16 apprenants identifiés MEd) et ceux obtenus par le groupe d'étudiants en formation des maîtres en enseignement des sciences et des technologies au secondaire (12 apprenants identifiés EFM). Chaque analyse des résultats obtenus, quant au niveau d'aide apportée à l'apprenant pour chacun des items d'observation, sera suivie de son interprétation sous forme de difficultés observées et d'améliorations suggérées.

Pour les deux premiers groupes, soit les apprenants identifiés MEd et EFM, nous avons compilé les résultats des 28 grilles d'observation en les traitant selon deux catégories d'observations, soit les observations relevant de la démarche d'investigation du sujet (DI) et les observations en lien direct avec l'utilisation de l'environnement d'apprentissage Ex@O (EI). Avec cette partition qui est nécessaire dans cette recherche de développement, nous interpréterons ces résultats compilés avec l'ensemble des apprenants, sous forme d'un tableau représentant le niveau d'aide apportée à chacun des items d'observation (Obs) (figure 6.3.1.3).

Obs	DI/DM	Sujets/apprenants																									Moy
A	DM	4	4	4	3	4	3	4	4	4	3	4	3	4	3	4	4	4	3	4	4	3	4	4	4	3	4	3,71
B	DM	4	3	4	4	4	4	4	3	4	4	4	4	4	4	4	4	4	4	4	4	4	4	4	4	4	4	3,93
C	DM	4	4	4	4	4	4	4	4	4	4	4	4	4	4	4	4	4	4	4	4	4	4	4	4	4	4	4,00
D	DI	4	4	3	2	2	2	4	4	4	3	4	3	3	3	4	3	4	4	2	4	3	4	2	4	2	4	3,32
E	DI	4	3	4	1	2	3	4	1	4	4	3	4	3	2	4	4	4	3	3	4	4	4	4	3	4	4	3,39
F	DI	4	4	4	1	2	1	4	3	4	3	3	4	4	4	2	4	4	3	4	4	4	4	3	4	4	4	3,46
G	DI	4	4	4	2	1	1	4	4	3	2	4	4	3	4	2	4	4	3	4	3	4	2	2	2	4	4	3,11
H	DM	3	4	4	1	1	2	4	4	3	3	3	4	4	3	4	4	4	3	1	4	4	3	3	4	3	4	3,18
I	DM	3	4	4	4	4	4	3	4	4	4	4	4	2	4	4	4	4	4	4	4	4	4	3	4	3	4	3,75
J	DI	4	4	4	2	4	4	4	4	4	4	4	4	1	4	4	4	4	2	4	4	4	4	2	2	2	4	3,54
K	DI	4	4	2	1	4	4	3	4	4	4	4	2	2	3	4	4	3	4	2	4	4	3	4	4	3	2	3,32
L	DM	4	4	4	4	4	4	4	3	4	4	4	4	2	4	3	4	4	4	4	4	4	4	4	4	4	3	3,82

Figure 6.3.1.3 - *Tableau du niveau d'aide apportée aux apprenants (groupes MEd et EFM) lors de l'expérimentation Ex@O sur l'ensemble des items d'observation*

Dans ce tableau, chaque item d'observation est distribué séquentiellement, verticalement de A à L, selon son ordre d'apparition dans l'ensemble de la démarche. Ainsi, on retrouve les résultats des apprenants-sujets, tels qu'extraits de leur protocole ou rapport d'expérimentation en intercalant les items d'observations colligées à l'aide de la grille d'observation.

Afin de mieux distinguer à quelle étape de leur démarche d'investigation les apprenants ont eu recours à de l'aide, nous avons séparé les résultats obtenus dans la démarche d'investigation scientifique (DI) de ceux obtenus dans la démarche de manipulation sur l'environnement informatisé (DM).

6.3.2 Analyse et interprétation liées spécifiquement à la démarche d'investigation (DI)

Obs	DI	Sujets/apprenants																								Moy
D	DI	4	4	3	2	2	2	4	4	4	3	4	3	3	3	4	3	4	4	2	4	3	4	2	4	2	4	4	4	3,32
E	DI	4	3	4	1	2	3	4	1	4	4	3	4	3	2	4	4	4	3	3	4	4	4	4	3	4	4	4	3,39
F	DI	4	4	4	1	2	1	4	3	4	3	3	4	4	4	2	4	4	3	4	4	4	4	3	4	4	4	3,46
G	DI	4	4	4	2	1	1	4	4	3	2	4	4	3	4	2	4	4	3	4	3	4	2	2	2	4	4	1	4	3,11
J	DI	4	4	4	2	4	4	4	4	4	4	4	4	1	4	4	4	4	2	4	4	4	4	2	2	2	4	3,54
K	DI	4	4	2	1	4	4	3	4	4	4	4	2	2	3	4	4	3	4	2	4	4	3	4	4	3	3	2	4	3,32

Tableau 6.3.2.1- *Tableau du niveau d'aide apportée sur les items d'observation relevant de la démarche d'investigation de l'apprenant (DI) (groupes MEd et EFM)*

De plus, nous avons pensé représenter les moyennes du niveau d'aide apportée en les superposant à notre modèle d'action présenté à la page 74, figure 6.3.2.2. Cette figure constitue pour nous un indicateur du niveau de difficulté de l'apprenant. Ici, le chiffre le moins élevé indique le niveau de difficulté le plus grand. Ainsi, à la figure 6.3.2.2 de la page suivante, nous pouvons observer que l'étape qui a nécessité le plus haut niveau d'aide en terme de démarche d'investigation *DI* (moyenne la moins élevée) est celle de la modélisation de la relation entre les variables.

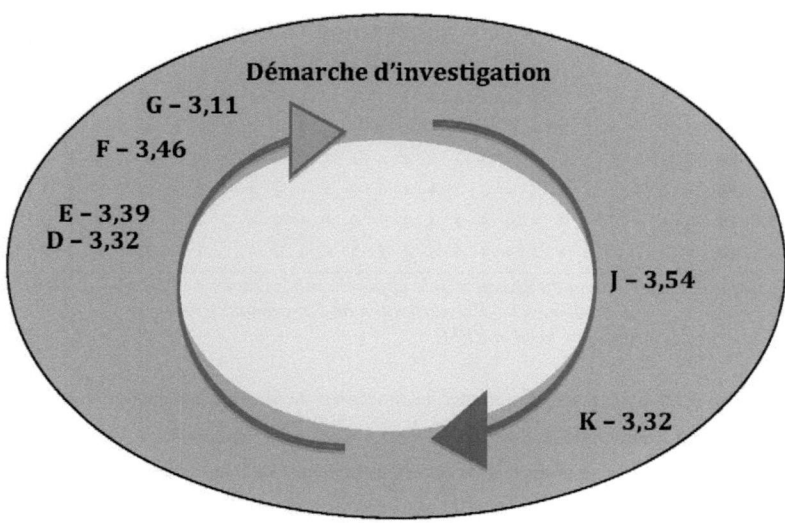

Figure 6.3.2.2 – ***Modèle d'action*** incluant les moyennes du niveau d'aide apportée en fonction des étapes de la démarche de l'apprenant (DI) expérimentant en Ex@O

En suivant successivement toutes les étapes de la démarche d'investigation (DI) illustrées ci-dessus, nous allons visualiser et analyser le tableau des difficultés, telles qu'évaluées par le niveau d'aide apportée à chacun des items d'observation portant uniquement sur la démarche d'investigation (DI) (tableau 6.3.2.1 et figure 6.3.2.2)

DI-A.D Analyse de l'identification des variables (item D)
A priori

Lors de cette étape, nous nous attendons à ce que l'apprenant, après avoir pris connaissance de la mise en situation, inscrive dans son protocole l'identification des variables et des facteurs contrôlés et qu'il formule une hypothèse. Nous pensons qu'il est à même de compléter cette section de son rapport sans aide

Ex@O 61

puisque ce n'est pas la première fois qu'il produit des rapports de laboratoire où il est demandé d'identifier les variables et facteurs contrôlés et de formuler une hypothèse.

Analyse

On constate que certains sujets ont présenté des difficultés à identifier, sans aide, les variables concernées puisque 13 apprenants sur 28 ont dû recourir à une aide pour réussir cette étape (moyenne de 3,32).

DI-I.D Interprétation de l'identification des variables (item D)

Bien que la moyenne (3,32) indique un certain niveau de difficulté à identifier les variables, l'aide apportée par l'expérimentateur à distance n'était souvent qu'un simple rappel du type : *Rappelez-vous ce que vous recherchez et vous saurez ainsi définir les variables dépendante et indépendante.*

DI-A.E Analyse de l'utilisation adéquate de la source de chaleur (item E)

A priori

Au cours de cette section, nous nous attendons à ce que l'apprenant soit en mesure de bien utiliser une source de chaleur en fonction de son choix de variables indépendante et dépendante. Nous tenons pour acquis qu'il connaît les savoir-faire expérimentaux inhérents à l'utilisation d'une source de chaleur. Ainsi, s'il utilise une source de chaleur de façon inadéquate, nous pensons qu'il ne maîtrise pas tout à fait les notions de variables dépendante et indépendante.

Analyse

Certains sujets ont présenté des difficultés à choisir sans aide, et surtout à utiliser judicieusement, la source de chaleur afin d'obtenir une bonne prise de mesures. Ainsi, 11 apprenants sur un total de 28 ont dû être assistés dans cette étape qui exigeait des savoirs expérimentaux (moyenne de 3,39).

DI-I.E Interprétation de l'utilisation adéquate de la source de chaleur (item E)

Lors de cette étape également, 11 des apprenants-sujets ont eu de la difficulté à savoir comment utiliser adéquatement cette source de chaleur pour faire varier la température (variable indépendante). Cependant, une simple question, telle que *Si vous désirez mesurer une « variation » de température, comment faire avec la lampe ou l'eau du bécher?* s'est avérée suffisante pour les aider. Ainsi, nous avons dû « pointer du doigt » leurs affirmations quant aux variables dépendante et indépendante afin que les sujets utilisent adéquatement la source de chaleur de façon à faire varier la température. Il nous semble donc que la maîtrise de ces notions ne soit pas suffisamment développée chez 11 des apprenants-sujets.

DI-A.F Analyse de la planification de la démarche de l'apprenant (item F)
A priori

Lors de cette étape, il s'agit pour l'apprenant de rédiger des procédures pour l'étalonnage de son capteur. Nous pensons qu'il devrait être en mesure de rédiger ces procédures s'il connaît suffisamment bien la méthode expérimentale et qu'il l s'agit pour lui de paramétrer celle-ci avec le logiciel afin d'obtenir les résultats prévus. Ce paramétrage fait appel à des notions mathématiques que l'apprenant devrait bien connaître pour produire une courbe à partir des données obtenues.

Analyse

À ce stade, l'apprenant devait expliciter, par écrit, les premières étapes de sa démarche. Neuf apprenants sur un total de 28 ont eu besoin d'assistance pour réaliser cette tâche (moyenne de 3,46). L'aide apportée était directement liée à la planification de la démarche.

DI-I.F Interprétation de la planification de la démarche de l'apprenant (item F))

Il nous a semblé que les difficultés observées relèvent davantage d'un manque d'habitude de rédaction d'une planification expérimentale, que de réelles difficultés conceptuelles. Ceci pourrait se vérifier ultérieurement en faisant l'hypothèse que si l'apprenant est constamment encouragé à pratiquer les étapes de la démarche d'investigation, telle que définie par notre modèle d'action avec l'environnement Ex@O, cette étape devrait présenter de moins en moins de difficultés.

DI-A.G Analyse de la modélisation de la relation (item G)
A priori

> Au cours de cette étape de l'expérimentation, nous nous attendons à ce que l'apprenant se représente bien la relation température/tension par un graphique et qu'ensuite il modélise cette relation par une équation en ajustant une courbe sur l'ensemble du nuage de points obtenu au cours de son expérimentation.

Analyse

> On observe le plus haut niveau de difficulté pour l'ensemble des sujets lors de la modélisation de la relation température/tension par une équation : 13 sujets sur 28 ont eu recours à de l'aide afin de modéliser adéquatement cette relation (moyenne de 3,11).

DI-I.G Interprétation de la modélisation de la relation (item G)

> Trois sujets, parmi les 11 apprenants qui ont eu besoin d'aide, ont éprouvé de la difficulté à comprendre la relation entre, d'une part, l'interaction des variables physiques et, d'autre part, leur représentation, qu'elle soit graphique ou algébrique. En rendant cette transformation de variables tangible, en transformant le voltage aux bornes du thermistor en température, par exemple, nous pensions favoriser la compréhension de cette interaction de variables sous forme graphique et algébrique. Les données obtenues, au cours de cette recherche, ne sont pas suffisantes pour confirmer cette hypothèse.
>
> Il nous semble donc nécessaire d'insister davantage, lors d'expérimentations, sur l'utilisation de l'outil ou du langage de codage mathématique pour présenter une loi ou un modèle. Une recherche plus ciblée devrait permettre de valider l'hypothèse suivante : le fait de donner une finalité concrète et pratique à un schème de contrôle de variables physiques devrait engendrer une meilleure compréhension et une utilisation adéquate de son expression algébrique.

DI-A.J Analyse du retour critique sur l'activité (item J)
A priori

Au cours de cette étape, l'apprenant doit répondre à la question suivante : *Est-ce que vos résultats vous semblent valables? Pourquoi?* Nous pensons qu'une bonne proportion des apprenants-sujets est en mesure de répondre à cette question bien qu'elle soit de l'ordre de la métacognition et que, même chez les étudiants universitaires, certains éprouvent de la difficulté à répondre à une question relevant d'un tel niveau taxonomique (Bloom révisée).

Analyse

Peu de sujets ont éprouvé des difficultés à cet item (moyenne de 3,54). En effet, seulement 6 apprenants sur 28 ont reproduit l'expérimentation avec plusieurs données sans véritablement se questionner sur leur validité; un sujet n'a d'ailleurs utilisé qu'une seule mesure.

La plupart des sujets ont réussi à comparer les données, deux à deux, en mode *Vumètre* pour les mesures de température. Quelques-uns ont mentionné un pourcentage d'erreur sur les mesures. Très peu ont utilisé l'oscilloscope, en mode $y = f(x)$ (température étalon en fonction de la température mesurée) pour valider leur nouvel appareil de mesure. Ainsi, une bonne proportion des apprenants qui n'ont pas recouru à de l'aide semblent ne pas utiliser spontanément le graphique pour valider leur appareil de mesure. C'est par la pratique et le questionnement que nous devrions les convaincre à choisir cette méthode de validation qui est plus efficace que de comparer les données deux à deux puisque si les données ont la même dimension, par exemple la température étalon et la température mesurée, la courbe de validation obtenue devrait être une droite avec un taux de variation égal à un, quelle que soit la nature de la fonction de transfert.

DI-I.J Interprétation du retour critique sur l'activité (item J)

Il reste que, pour une faible minorité des sujets, les mesures prises sont souvent considérées comme valables *de facto*. Nous avons donc inséré, dans le rapport d'expérimentation, une étape où le sujet doit expliquer pourquoi les mesures prises lui semblent valables ou non.

DI-A.K Analyse de la vérification de la validation (item K)

A priori

>Nous pensons que la grande majorité des apprenants-sujets sont en mesure de répondre adéquatement et sans aide à la question *Comment valider vos résultats?* En effet, le retour réflexif est une démarche qui est pratiquée au sein de plusieurs disciplines scolaires et, en sciences expérimentales, les apprenants sont familiers depuis longtemps avec cette procédure, même si elle exige un certain niveau de réflexion.

Analyse

>La moyenne obtenue pour cet item est de 3,32 et 12 sujets ont eu recours à de l'aide pour cette étape.

DI-I.K Interprétation de la vérification de la validation (item K)

>Cette étape, qui requiert des apprenants de se questionner sur la meilleure façon de vérifier la validité des mesures prises, semble plus difficile à réaliser. Cependant, nous pensons que cette étape de retour réflexif (ou critique) sur l'expérimentation est nécessaire pour qu'il y ait une certaine compréhension du processus d'investigation scientifique et technologique, notamment en ce qui a trait à la critique de son propre schème de contrôle des variables.

6.3.3 Analyse et interprétation liées spécifiquement à la démarche de manipulation sur l'environnement informatisé d'apprentissage (DM)

Afin de bien analyser les informations recueillies sur l'environnement Ex@O, nous les avons regroupées sous la forme d'un tableau du niveau d'aide apporté sur les items d'observation relevant de l'environnement Ex@O (DM) (figure 6.3.3.1 à la page suivante).

Obs	DM	Sujets/apprenants																												Moy
A	DM	4	4	4	3	4	3	4	4	4	4	3	4	3	4	3	4	4	4	3	4	4	3	4	4	4	4	3	4	3,71
B	DM	4	3	4	4	4	4	4	3	4	4	4	4	4	4	4	4	4	4	4	4	4	4	4	4	4	4	4	4	3,93
C	DM	4	4	4	4	4	4	4	4	4	4	4	4	4	4	4	4	4	4	4	4	4	4	4	4	4	4	4	4	4,00
H	DM	3	4	4	1	1	2	4	4	3	3	3	4	4	3	4	4	4	3	1	4	4	3	3	4	3	4	1	4	3,18
I	DM	3	4	4	4	4	4	3	4	4	4	4	4	2	4	4	4	4	4	4	4	4	4	4	3	4	3	3	4	3,75
L	DM	4	4	4	4	4	4	4	3	4	4	4	4	2	4	3	4	4	4	4	4	4	4	4	4	4	4	4	3	3,82

Figure 6.3.3.1 — *Tableau du niveau d'aide apportée sur les items d'observation relevant de la démarche de manipulation sur l'environnement Ex@O (DM)*

En combinant ce tableau du niveau d'aide apportée pour les items d'observation liés à l'environnement Ex@O avec le modèle d'action de la figure 6.3.1.2 (p.68), on peut constater que certains items ont nécessité plus d'aide (moyenne la moins élevée) que d'autres (figure 6.3.3.2). Par cette analyse, rappelons-le, nous visons surtout à améliorer l'ergonomie de cet environnement informatisé à distance.

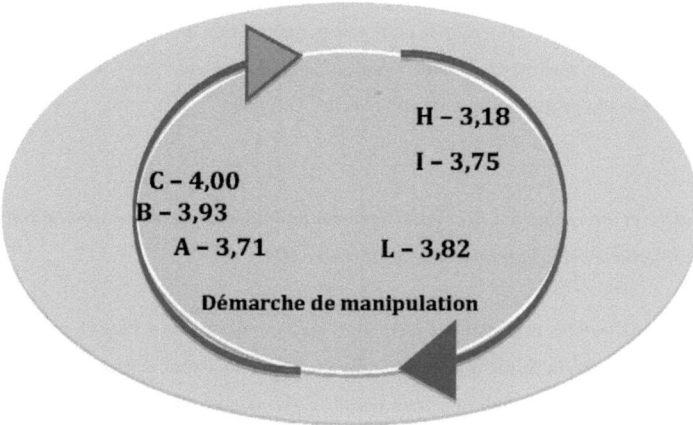

Figure 6.3.3.2 – *Schéma des moyennes du niveau d'aide apportée en fonction des étapes liées à la démarche de manipulation sur l'environnement informatisé d'apprentissage (DM)*

Voyons maintenant l'analyse et l'interprétation des étapes liées spécifiquement à la démarche de manipulation de l'environnement informatisé (DM).

DM-A.ABC Analyse de la mise en route de l'environnement Ex@O (items ABC)
A priori

>Lors de cette première étape, il s'agit d'effectuer les différentes opérations de mise en marche des deux logiciels utilisés et de brancher correctement tous les éléments nécessaires à l'expérimentation. Nous nous attendons à ce que tous les apprenants-sujets naviguent aisément dans ces procédures puisque la plupart d'entre eux sont de la génération du numérique.
>
>Préalablement, nous avons dû rencontrer les enseignants agissant à titre d'expérimentateurs à plusieurs reprises afin de les familiariser avec l'environnement Ex@O.

Analyse

>Pour les trois premiers items d'observation, l'apprenant devait mettre en route les deux logiciels (*MicrolabExAO* et *Teamviewer*) et effectuer tous les branchements en vue de l'expérimentation. Comme très peu d'apprenants (8; 2 ; 0) ont éprouvé des difficultés au cours de ces trois étapes (moyennes de 3,71; 3,93 et 4,00), nous pouvons conclure qu'ils étaient tous très à l'aise avec le démarrage de notre environnement.

DM-I.ABC Interprétation de la mise en route de l'Ex@O (items ABC)

>Ces trois premières étapes n'ont nécessité que très peu d'interventions, voir aucune intervention, de la part de l'enseignant-expérimentateur. L'onglet d'aide en ligne, inséré dès la mise à l'essai fonctionnelle, et contenant une procédure de démarrage bien détaillée, semble donc avoir répondu aux besoins.

DM-A.H Analyse des étapes de transformation du capteur (item H)
A priori

    Au cours de cette section, l'apprenant est amené à choisir les commandes du logiciel qui appliqueront le modèle mathématique au nouveau capteur produit. Nous pensons que certains apprenants-sujets éprouveront des difficultés à choisir les commandes puisque plusieurs procédures peuvent conduire à la transformation du capteur.

Analyse

    Cet item a obtenu, avec l'item G portant sur la démarche d'investigation (DI), la plus faible moyenne (3,18) et 14 apprenants ont dû recourir à de l'aide. Donc, les étapes de transformation (*Assigne* et *Transforme*), par *MicrolabExAO*, de la valeur de la tension en température semblent peu convaincantes pour les apprenants et nous pensons qu'elles nécessiteraient des éclaircissements afin d'amener plus de transparence entre les commandes à choisir et l'interface informatique.

DM-I.H Interprétation des étapes de transformation du capteur (item H)

    Comme 14 sujets sur 28, soit la moitié des participants, ont éprouvé des difficultés lors de ces étapes, nous croyons que l'environnement nécessite des modifications pour mieux éclairer les apprenants sur les opérations informatiques sous-jacentes à ces étapes de transformation du capteur.

    Afin d'aider les apprenants à réaliser ces étapes, nous pensons changer la dénomination du bouton *Assigne*, qui semble indiquer qu'en un seul clic le capteur se transforme automatiquement selon les nouvelles mesures prises. Comme nous voulons que la démarche soit la plus « transparente » possible pour l'apprenant, un menu contextuel (texte qui s'affiche dans une boîte lorsqu'on glisse la souris sur le bouton) pourrait être ajouté au bouton *Assigne* et *Transforme* afin d'expliquer clairement les étapes de transformation du capteur.

    Ainsi, pour le bouton *Assigne* et *Transforme*, on pourrait lire : *permet d'assigner l'équation obtenue pour transformer la variable X en variable Y* (ici, par exemple, dans le cas de la fabrication du thermomètre, *tout voltage en température*).

DM-A.IL Analyse des deux étapes de sauvegarde des données de l'EIA (items I et L)
A priori
> Au cours de cette dernière étape, qui regroupe les deux sauvegardes indiquées au protocole, nous pensons que les apprenants n'auront aucune difficulté, car ils sont tous familiers avec l'ordinateur et les procédures de sauvegarde de documents.

Analyse
> Ces étapes portaient toutes deux sur la sauvegarde des données obtenues afin de compléter la section *Résultats* du rapport d'expérimentation. Seulement six sujets lors de la première sauvegarde, et quatre sujets lors de la seconde ont eu besoin d'aide pour compléter la sauvegarde de leurs données.

DM-I.IL Interprétation des deux étapes de sauvegarde des données de l'EIA (items I et L)
> Étant donné le faible nombre de sujets ayant éprouvé des difficultés à cette étape (six participants lors de la première sauvegarde et 4 lors de la seconde sur un total de 28) et considérant les moyennes obtenues (3,75 et 3,82), nous pensons que la sauvegarde des données à l'intérieur de l'environnement *Ex@O* est une opération simple, d'autant qu'elle est suggérée à plusieurs reprises lorsque l'apprenant quitte ou redémarre une expérimentation. Nous concluons donc qu'elle ne nécessite aucune intervention de révision.

6.4 Analyse et interprétation des comportements de l'apprenant sous forme d'une actographie incluant les améliorations suggérées

Pour notre recherche de développement, cette actographie est destinée à nous fournir un portrait global et synthétique des résultats, de l'analyse et des recommandations suggérées pour les 28 apprenants. Elle est la contribution la plus importante de cette recherche puisque c'est à partir de l'actographie que les développeurs vont juger des améliorations à apporter au prototype.

Pour présenter concrètement cette actographie des comportements de l'apprenant, nous avons ici transcrit, pour chaque étape, les transactions de l'apprenant avec l'environnement Ex@O, en prenant comme exemple, la conception d'un thermomètre. Nous avons synthétisé l'ensemble des items d'observations pour les 28 apprenants/participants dans le tableau suivant (tableau 6.4.1.1). Ainsi, chaque étape et les comportements qui s'y rattachent, sont illustrés à l'aide d'une image, de la présentation des comportements attendus, des difficultés observées et des améliorations suggérées, tant logicielles (AL) que sous forme de commentaires de l'enseignant à distance (CED).

Tableau 6.4.1.1 – *Actographie des comportements des 28 apprenants lors de l'Ex@O sur la conception, la construction et la validation d'un thermomètre*

No.	Images (photos)	Résultats attendus	Difficultés observées	Améliorations suggérées (logicielles AL et commentaires de l'enseignant à distance CED)
1		L'apprenant prend connaissance de l'expérimentation en lisant le protocole fourni.	Un apprenant sur 28 n'a pas compris ou bien a mal lu les consignes.	AL : Avant de débuter les manipulations, une fois les branchements effectués, un message sous forme de boîte de dialogue pourrait s'afficher : «Avez-vous bien lu et compris toutes les consignes de l'expérimentation? Sinon, demandez à votre enseignant, une fois en ligne.»
2		Il branche l'interface à l'ordinateur et la met sous tension.	Aucune	Aucune

3	L'apprenant vérifie si la caméra web fonctionne.	Aucune	Aucune
4	Il lance l'application *MicrolabExAO* en double-cliquant sur l'icône correspondante.	Aucune	Aucune

5	L'apprenant sélectionne la langue de son choix.	Aucune	Aucune
6	Il vérifie si le logiciel est bien en marche et que l'interface est reconnue.	Un apprenant/28 n'a pas observé l'interface à l'écran (absence de connexion). Le message indiquant la procédure à suivre s'est avéré suffisant pour corriger le problème.	Aucune

7		L'apprenant lance l'application *Teamviewer* en double-cliquant sur l'icône correspondante.	En cours d'expérimentation (et non lors du lancement de l'application), à 8 reprises, il a fallu relancer le logiciel *Teamviewer*.	S.O. - (N'ayant pas accès au code source du logiciel *Teamviewer*, il nous est impossible de l'améliorer.) N. B. Contrairement à la vidéoconférence où les données sont concentrées de manière électronique, les données avec *Teamviewer* sont concentrées de manière logicielle, ce qui ralentit le processus.
8		*Le logiciel Teamviewer fournit un nom d'usager (ID) avec un mot de passe de la session Ex@O.* L'apprenant les transmet à son enseignant par téléphone ou courriel pour initier la prise en main à distance. N. B. Une fois que les informations transmises sont insérées, par l'enseignant, dans le logiciel Teamviewer, la prise en main à distance devient effective.	Aucune	Aucune

9		Il clique sur l'onglet audio/vidéo afin mettre en ligne l'image et la voix captées par son ordinateur.	Il arrivait parfois que la vidéo transmettait avec un décalage d'environ une seconde.	S.O. Ce problème devrait se résoudre à plus ou moins long terme avec l'amélioration de la puissance des ordinateurs et de la bande passante d'internet.
10		L'apprenant doit vérifier si le matériel mis à sa disposition est celui nécessaire à l'expérimentation.	2 apprenants/28 n'ont pas effectué cette vérification et ont dû revenir à cette étape après avoir identifié leurs variables.	Avec seulement 2 sujets en échec sur 28, il serait prématuré de recommander de déplacer le choix du matériel après l'identification des variables dans le protocole.

11	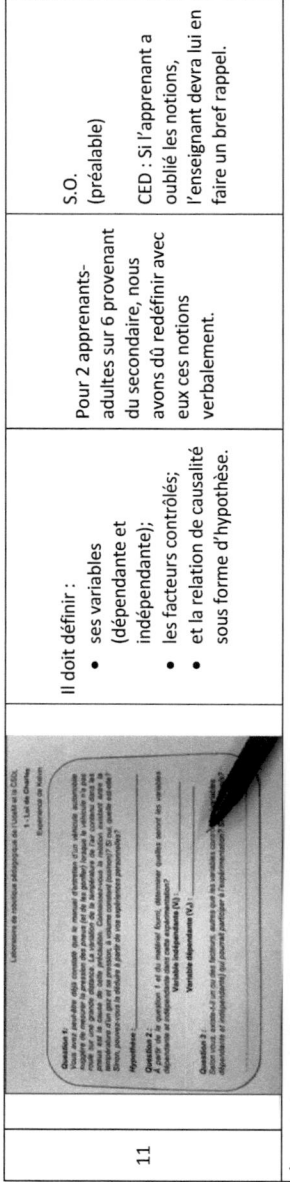	Il doit définir : • ses variables (dépendante et indépendante); • les facteurs contrôlés; • et la relation de causalité sous forme d'hypothèse.	Pour 2 apprenants-adultes sur 6 provenant du secondaire, nous avons dû redéfinir avec eux ces notions verbalement.	S.O. (préalable) CED : Si l'apprenant a oublié les notions, l'enseignant devra lui en faire un bref rappel.

À partir de cette étape, étant donné c'est l'apprenant qui construisait lui-même son schéma d'expérimentation, quatre possibilités s'offraient à lui.

1. Utilisation d'un capteur thermomètre dans l'air comme variable indépendante (étalon) et d'une lampe de table comme source de chaleur.
2. Utilisation d'un thermomètre à alcool dans l'air comme variable indépendante (étalon) et d'une lampe de table comme source de chaleur.
3. Utilisation d'un capteur thermomètre dans l'eau comme variable indépendante (étalon) et d'une plaque chauffante comme source de chaleur.
4. Utilisation d'un thermomètre à alcool dans l'eau comme variable indépendante (étalon) et d'une plaque chauffante comme source de chaleur.

N. B. Aux fins d'explications, nous n'illustrerons que l'utilisation des schémas d'expérimentation 1 et 2.

| 12 | 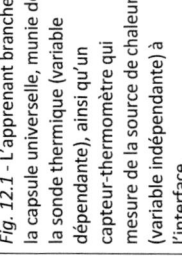
Fig. 12.1 – Les 2 capteurs sont branchés à l'interface

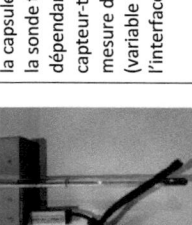
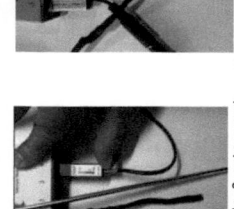
Fig.12. 2 – La capsule universelle avec sonde thermique sont branchées à l'interface et | *Fig. 12.1* - L'apprenant branche la capsule universelle, munie de la sonde thermique (variable dépendante), ainsi qu'un capteur-thermomètre qui mesure de la source de chaleur (variable indépendante) à l'interface.

Fig. 12.2 – L'apprenant branche la capsule universelle, munie de la sonde thermique (variable | Aucune | Aucune |

		thermomètre à alcool	dépendante) et utilise un thermomètre à alcool qui mesure de la source de chaleur (variable indépendante) aux fins de comparaison.	
13		 Fig. 13.1 - Les 2 capteurs sont bien reconnus par l'interface. 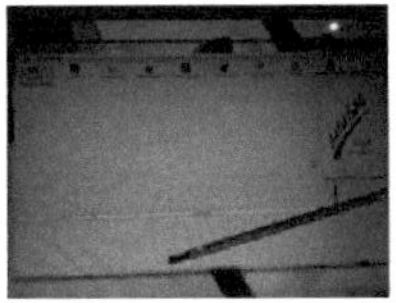 Fig. 13.2 – La capsule universelle avec sonde thermique sont bien reconnues par l'interface	*Fig. 13.1* - Il s'assure que les 2 capteurs, universel (U) et température, ont bien été «reconnus» par le logiciel, tel que présenté. *Fig. 13.2* - Il s'assure que le capteur universel (U) a bien été «reconnu» par le logiciel, tel que présenté. N. B. L'enseignant peut vérifier directement, à partir de son écran d'ordinateur, si les capteurs sont bien insérés et reconnus.	2 apprenants/28 ont dû reprendre cette étape suite à un commentaire de l'enseignant.	Aucune

| 14 | 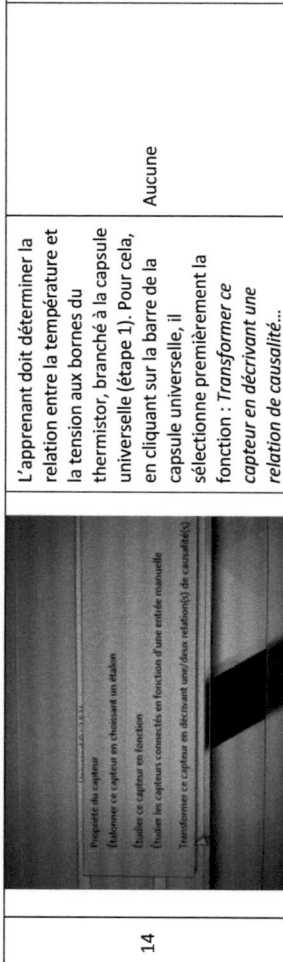 | L'apprenant doit déterminer la relation entre la température et la tension aux bornes du thermistor, branché à la capsule universelle (étape 1). Pour cela, en cliquant sur la barre de la capsule universelle, il sélectionne premièrement la fonction : *Transformer ce capteur en décrivant une relation de causalité...* | Aucune | Aucune |

| 15 | 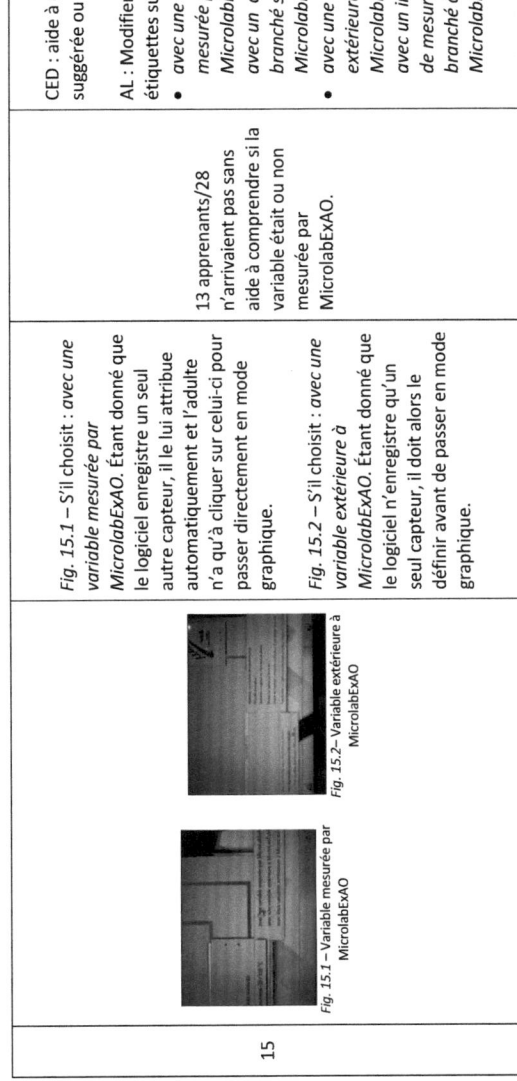
Fig. 15.1 – Variable mesurée par MicrolabExAO

Fig. 15.2 – Variable extérieure à MicrolabExAO | *Fig. 15.1* – S'il choisit : *avec une variable mesurée par MicrolabExAO*. Étant donné que le logiciel enregistre un seul autre capteur, il le lui attribue automatiquement et l'adulte n'a qu'à cliquer sur celui-ci pour passer directement en mode graphique.

Fig. 15.2 – S'il choisit : *avec une variable extérieure à MicrolabExAO*. Étant donné que le logiciel n'enregistre qu'un seul capteur, il doit alors le définir avant de passer en mode graphique. | 13 apprenants/28 n'arrivaient pas sans aide à comprendre si la variable était ou non mesurée par MicrolabExAO. | CED : aide à distance suggérée ou mieux

AL : Modifier les étiquettes suivantes :
• *avec une variable mesurée par MicrolabExAO par avec un capteur branché sur MicrolabExAO*
• *avec une variable extérieure à MicrolabExAO par avec un instrument de mesure non branché à MicrolabExAO* |

16	[image: screenshot showing Tableur, Créer une variable, Universel, Thermomètre, Expérience, Tracez des Points, Acquisition, Nouvel essai]	L'apprenant clique sur le bouton **Param**, pour «paramétrer» sa prise de mesure.	Un apprenant-adulte/6 du secondaire s'est questionné sur la signification du terme Param.	AL : On pourrait modifier l'aspect visuel de ce bouton en écrivant le terme Paramètres au complet.
17	[image: screenshot showing 20 points, Quand, Thermomètre, 0,996°C]	Dans ce type d'expérimentation, le logiciel *MicrolabExAO* modifie, par défaut, l'oscilloscope y =f(t) afin que s'affiche le graphique de la variable y = f(x)	Il existe une confusion, dans le passage d'une démarche expérimentale à une démarche technologique entre une variable indépendante et un étalon de mesure.	CED : Il pourrait être utile que l'enseignant précise cette spécificité du logiciel à l'apprenant. Par exemple, le thermomètre qui mesure la température qu'on assimile à une variable indépendante est un étalon que l'on va comparer aux mesures lues sur le thermistor.

18	Pour transformer le thermistor en thermomètre, le logiciel *MicrolabExAO* dispose automatiquement la température (variable indépendante) en ordonnée afin d'obtenir l'équation T = f(U).	Attendu que ce choix des axes n'est pas conventionnel, un apprenant a changé les axes de coordonnées afin placer la température (variable indépendante) en abscisse.	CED ou à ajouter au protocole : On introduirait, à cette étape, le commentaire suivant: Remarquez que pour construire votre thermomètre, vous devez déterminer la température à partir de la tension (U), c'est pour cette raison que la variable indépendante ici est placée, de facto, en ordonnée.
19	L'apprenant branche la lampe à la prise et vérifie si elle fonctionne.	Aucune	S.O.

20		Il place le thermistor à proximité du capteur de température.	8 apprenants/28 n'ont pas contrôlé la position des capteurs afin de s'assurer que ceux-ci reçoivent la même quantité de chaleur.	N. B. L'apprenant devra constater de lui-même cette erreur lors de l'étape de validation. Il devra alors identifier la cause de cette erreur et reprendre l'expérimentation. Cette reprise de l'activité n'est pas pénalisante, car l'ExAO procure un gain de temps notable.
21		L'apprenant place le montage sous la lampe (source de chaleur) et allume celle-ci afin de faire varier la température et la tension aux bornes du thermistor.	3 apprenants/28 n'ont pas pensé à tenir les deux capteurs suffisamment près de la lampe afin de faire varier la température dans un temps relativement court.	CED : Lorsque l'enseignant observe une prise de mesure trop longue, il questionne l'apprenant sur l'origine de ceci afin de permettre à l'apprenant d'en découvrir la cause lui-même.

22	Une fois l'acquisition de données terminée, l'apprenant clique sur la barre du capteur afin de sélectionner : *Outils mathématiques*, puis il choisit ensuite sur l'outil : *Modéliseur*	Aucune	Aucune
23	Il choisit le type de courbe représentant le mieux l'interaction des variables.	Aucune N. B. Pour certaines expérimentations, lorsque les données recueillies n'avaient pas exactement l'allure d'une droite, 13 apprenants/28 ont eu de la difficulté à choisir la meilleure courbe.	CED : L'enseignant suggère à l'apprenant d'essayer plusieurs types de courbe, par essai et erreur, afin de choisir celle qui s'insère le mieux dans le nuage de points (ajustement d'une courbe d'une fonction mathématique sur le tracé des données recueillies ou *curve fitting*).

24		Il superpose le plus exactement possible la courbe choisie aux données recueillies.	Aucune	Aucune
25		Il note l'équation de la courbe obtenue. N. B. Cette étape lui sera utile pour bien identifier son équation lors d'étapes suivantes.	Aucune	Aucune

26	[image: "Assignez la fonction au capteur"]	L'apprenant clique sur le bouton «Assignez la fonction au capteur».	Aucune, car la commande est inscrite au protocole.	CED : Pour certains apprenants, il serait bon d'expliquer le transfert d'une variable dans une autre, graphiquement et algébriquement afin qu'il prenne conscience de l'utilité du graphique et des fonctions mathématiques dans la conception d'un objet technologique. Il s'agit ici de passer d'une variable à une autre par le biais de l'équation, °T = f(U)
27	[image: dialogue de sauvegarde]	Il sauvegarde le graphique obtenu en répondant à la boîte de dialogue qui s'affiche à l'écran.	Aucune	Aucune

28	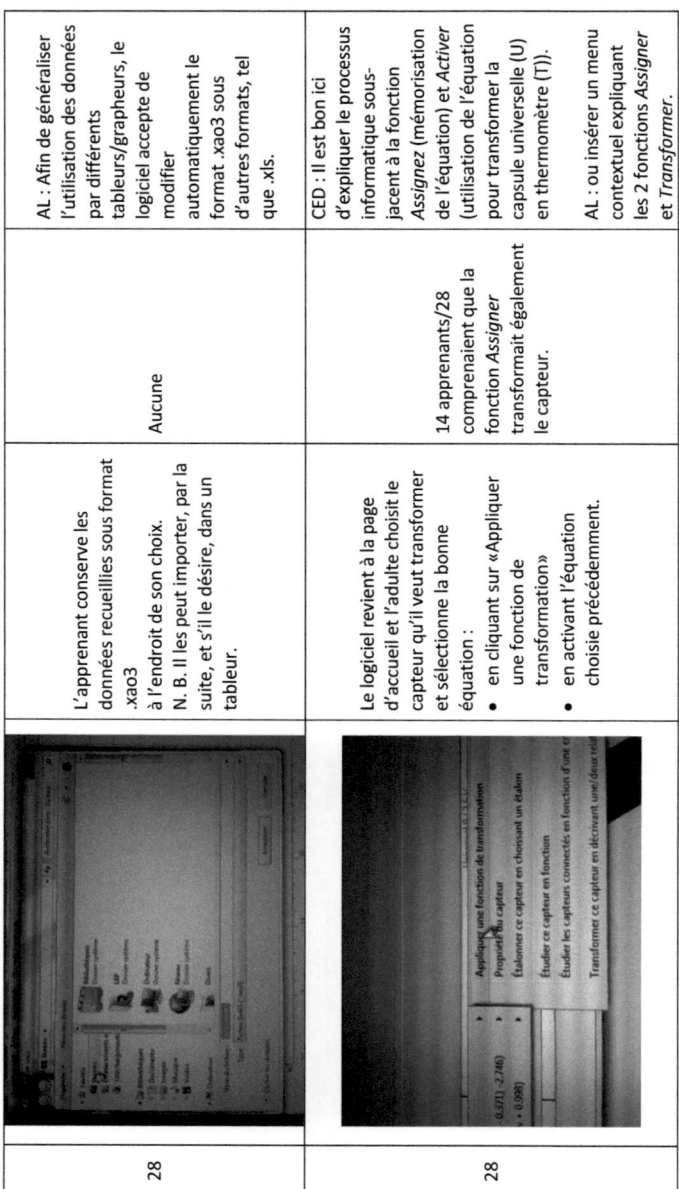	L'apprenant conserve les données recueillies sous format .xao3 à l'endroit de son choix. N. B. Il les peut importer, par la suite, et s'il le désire, dans un tableur.	Aucune	AL : Afin de généraliser l'utilisation des données par différents tableurs/grapheurs, le logiciel accepte de modifier automatiquement le format .xao3 sous d'autres formats, tel que .xls.
28		Le logiciel revient à la page d'accueil et l'adulte choisit le capteur qu'il veut transformer et sélectionne la bonne équation : • en cliquant sur «Appliquer une fonction de transformation» • en activant l'équation choisie précédemment.	14 apprenants/28 comprenaient que la fonction *Assigner* transformait également le capteur.	CED : Il est bon ici d'expliquer le processus informatique sous-jacent à la fonction *Assignez* (mémorisation de l'équation) et *Activer* (utilisation de l'équation pour transformer la capsule universelle (U) en thermomètre (T)). AL : ou insérer un menu contextuel expliquant les 2 fonctions *Assigner* et *Transformer*.

28	[image: screenshot of thermometer display and handwritten student response to Question 4: "Est-ce que les mesures qu'indique votre thermomètre vous semblent valables? OUI / NON. Pourquoi? En mesurant les températures avec le thermomètre et en les comparant avec celles du thermomètre à alcool, nous pouvons valider si les températures par le thermomètre conçu sont exactes."]	AL – Malgré que le logiciel mesure et affiche (réf. mesures sur la photo) la température de la pièce, les unités de mesure du capteur transformé sont toujours identifiées comme étant des volts. L'échelle de mesure est également à changer de 0 à 3,5 à de -10 à 110. Erreur à corriger dans le logiciel *MicrolabExAO*.	
	Il répond à la question : *Est-ce que les mesures qu'indique votre nouveau thermomètre vous semblent valables? Pourquoi?*	6 apprenants/28 ne questionnent pas ou peu les résultats obtenus.	CED : L'enseignant pourrait poser une question visant à amener l'adulte à un retour critique (ou réflexif) sur sa démarche.

28	[image of handwritten student response to Question 5: "Comment, à l'aide de MicrolabExAO, pourriez-vous vérifier la validité de votre nouveau thermomètre?"]	L'apprenant répond à la question : *Comment, à l'aide de MicrolabExAO, pourriez-vous vérifier la validité des mesures de votre nouveau thermomètre ?*	12 apprenants/28 ne savent pas comment s'y prendre pour savoir si les mesures prises sont valables ou non.	CED : L'enseignant pourrait demander à l'apprenant ce qu'il ferait s'il avait une mesure qui lui semble douteuse et qu'il voulait la vérifier. Quelle stratégie s'avérait alors utile? Si l'apprenant ne formule aucune stratégie, l'enseignant lui proposera la démarche de solution suivante (par comparaison).
30	[image of MicrolabExAO software home page showing icons]	Afin de comparer les nouvelles mesures avec un thermomètre électronique ou à alcool, de retour à la page d'accueil du logiciel, l'apprenant clique sur l'icône Graphiques.	Aucune	S.O.

31		En cliquant sur *Param*, il sélectionne à nouveau les paramètres nécessaires pour tester ou valider le capteur nouvellement assigné en le comparant au thermomètre de fabrication industrielle. Par exemple, prendre une mesure à chaque variation de 0,5 °C jusqu'à un maximum de 100 points ou mesures.	Aucune	S.O.
32		Afin de comparer les valeurs de son nouveau capteur de température avec un thermomètre de fabrication industrielle, il sélectionne, sous l'abscisse, le capteur de fabrication industrielle.	Aucune	S.O.

33	[image]	Après avoir cliqué sur le bouton *Acquisition*, l'apprenant approche le montage sous la lampe allumée afin de faire varier la température du capteur nouvellement assigné et celle du thermomètre.	Aucune	S.O.
34	[image]	Une fois l'acquisition de données terminées, l'apprenant clique sur la barre du capteur afin de sélectionner : *Outils mathématiques*, puis il choisit ensuite sur l'outil : *Modéliseur*	Aucune	S.O.

35		L'apprenant choisit le type de fonction représentant le mieux les données recueillies. Pour cette partie de l'expérimentation, l'adulte est sensé obtenir une droite dont le taux de variation est près de 1 et dont l'ordonnée à l'origine près de 0 lorsque son nouveau capteur est fonctionnel.	Aucune	CED : L'enseignant pourrait proposer l'utilisation de l'outil *Modéliseur et incertitude* pour lever le doute quant au type de fonction à sélectionner. Cependant, nous n'avons pas utilisé cet outil puisqu'il n'est pas de niveau secondaire.
36		Il superpose le plus exactement possible la fonction choisie au nuage de points. N. B. L'écran et le graphique étant rectangulaires, l'adulte doit saisir que, visuellement, la pente de sa droite ne sera pas de 45°. Toutefois, il pourra vérifier, dans l'équation, que le taux de variation devrait s'approcher de 1.	Aucune	S.O.

| 37 | [graphique: Équation transD = 1.174 * E - 0.232, axes 0, 0.35, 0.7] | Il s'assure que la droite obtenue est relativement proche d'une fonction linéaire ayant un taux de variation proche de 1 et passant près de l'origine (0,0). | Aucune | S.O.
CED : Il serait bien, à cette étape, de demander à l'apprenant de distinguer fidélité (reproductibilité), de précision (chiffres significatifs) de la mesure. |

6.5 Recommandation d'ordre technique

Tout au cours de ces expérimentations, l'expérimentateur a utilisé, pour communiquer à distance avec l'apprenant, un système de visioconférence domestique. Il a observé un décalage temporel important lors de la visualisation, en temps réel, des phénomènes physiques rapides qui fournissaient des masses de données importantes dans un temps très court. En effet, lorsque la masse de données à traiter est trop importante, il existait un important décalage entre l'émission et la réception des données. La solution actuelle serait d'utiliser un système de visioconférence professionnel, qui concentre les données de manière matérielle. Le système domestique actuel, *Teamviewer*, concentre les données de manière logicielle, ce qui explique cet important décalage que l'on observe surtout lors d'acquisitions de données très rapides.

Malgré cela, notre expérience reste très pertinente, et nous sommes persuadée que notre environnement deviendra de plus en plus performant avec les progrès de la micro-informatique.

6.6 Conclusion

En résumé, le protocole soumis aux apprenants suivait exactement notre modèle d'action, tel que nous l'avons décrit à la figure 6.3.1.2 de la page 68. Malgré les difficultés rencontrées par plusieurs, tous nos apprenants-sujets ont complété le cycle d'apprentissage, tel que nous l'avions prévu. Ceci nous conforte dans notre conviction que le guidage et l'aide à distance étaient de qualité. Bien sûr, pour plusieurs apprenants, cette démarche assistée et contrôlée à distance était nouvelle. Une étude longitudinale qui n'est pas ici l'objet de cette R&D devrait montrer que, comme pour l'ExAO, telle qu'utilisée dans un laboratoire traditionnel, les problèmes qui ont été corrigés au cours de l'activité devraient s'estomper aussi en Ex@O après plusieurs expérimentations. C'est par une pratique soutenue, répétée et rendue possible à distance que l'apprenant devrait être de plus en plus compétent dans l'appropriation de la démarche d'investigation scientifique.

7. Conclusion

Nous savons, par expérience, que le raisonnement scientifique ne peut s'acquérir après une seule expérimentation. Il est en effet nécessaire de procéder à de nombreuses expérimentations de laboratoire pour que les apprenants acquièrent, par la pratique, la démarche expérimentale. L'idée principale de cette recherche étant de multiplier les occasions de permettre cette pratique, nous avons développé et expérimenté un environnement d'expérimentations assistées par ordinateur, contrôlé et assisté à distance (Ex@O) qui, comme dans un même laboratoire utilisé en institution, rend possible l'acquisition, par les apprenants, des savoir-faire indispensables :

2. à l'appropriation de la démarche d'investigation scientifique;
3. à la formalisation de l'interaction des variables physiques sous forme graphique et algébrique[15];
4. à l'organisation fonctionnelle des composantes de laboratoire qui constituent les variables physiques indispensables à la recherche d'une relation de causalité.

Ce sont toutes ces composantes physiques et cognitives que l'apprenant doit organiser de manière séquentielle pour mettre en évidence une relation de causalité. C'est cette organisation, que nous avons décrite ici par un **modèle d'action,** que doit pratiquer cet apprenant pour acquérir la démarche expérimentale et possiblement une structure de pensée formelle que Piaget a classée au plus haut de la pyramide de l'intelligence, le stade numéro cinq. C'est l'idée principale de cette recherche. Permettre des activités pratiques d'apprentissage en sciences expérimentales et en technologie à distance, en dehors des laboratoires institutionnels.

Pour ce faire, et afin de favoriser le contact avec l'investigation scientifique en laboratoire réel, nous avons conçu, construit et mis à l'essai un environnement d'expérimentations assistées par ordinateur offrant aux apprenants l'occasion de multiplier ce contact en leur donnant la possibilité d'expérimenter à distance via l'environnement Ex@O.

---

[15] Notons ici que les connaissances préalables en mathématique sont utiles, mais souvent insuffisantes; il faut de plus permettre à l'apprenant de les utiliser adéquatement dans la démarche expérimentale pour qu'elles deviennent de véritables outils cognitifs, composantes essentielles de cette démarche.

Nous avons utilisé un logiciel de visioconférence (*TeamViewer*), pour le contrôle à distance, que nous avons couplé au logiciel et à l'interface électronique du microlaboratoire d'ExAO pour :

1. permettre la communication audio et vidéo entre l'apprenant et l'enseignant;
2. visualiser le déroulement expérimental de l'apprenant sur l'écran d'un ordinateur en même temps qu'une représentation graphique des données expérimentales;
3. paramétrer et contrôler à distance l'expérimentation aux fins de démonstration à l'intention de l'apprenant.

Notons que l'appropriation de ce processus au moyen de notre environnement Ex@O a permis à des apprenants de niveau secondaire, à des étudiants-maîtres et à des enseignants en exercice de pratiquer facilement l'ensemble de la démarche d'investigation technoscientifique qui intègre, dans une même activité, les sciences expérimentales, la mathématique et la technologie, en conformité avec notre modèle d'action (consulter la figure 6.3.1.2 de la page 68).

De plus, nous avons vérifié, avec quelques élèves de niveau secondaire, que cette démarche d'investigation technoscientifique se transférait pour diverses interactions de variables et dans divers domaines de connaissances. Nous avons également pu vérifier que de placer ces élèves dans un environnement Ex@O, où ils ont pratiqué cette démarche d'investigation avec une assistance à distance, n'a posé aucun problème majeur puisque tous ont réussi à effectuer l'ensemble de cette démarche, telle que nous l'avons décrite dans notre modèle d'action.

En effet, nous avons pu vérifier qu'avec la pratique de cette démarche, il était possible de guider l'apprenant, étape par étape et à distance, dans un tel environnement. Ainsi, par une pratique répétée et guidée, l'ensemble des apprenants ont utilisé tous les outils cognitifs et technologiques nécessaires pour effectuer le cycle complet de la démarche, tel que prévu dans notre modèle d'action. Tout au long de cette mise à l'essai empirique, nous avons identifié des difficultés, qu'elles soient de l'ordre de la démarche d'investigation technoscientifique (DI), de l'objet expérimenté ou de l'ergonomie de l'environnement via la démarche de manipulation (DM). Afin d'éliminer ou de minimiser l'impact de ces difficultés, nous avons révisé nos protocoles d'expérimentation et/ou l'environnement technologique de l'Ex@O (révision logicielle et matérielle) par un processus itératif de « mise à l'essai-révision ».

Notre environnement d'Ex@O est donc devenu un laboratoire qui permet aux apprenants mettre en pratique autant de fois que nécessaire les savoir-faire expérimentaux. Ils ont donc prédit et observé des interactions de variables, les ont modélisées avec l'environnement Ex@O afin de les formuler comme une règle ou une loi scientifique pour ensuite, les valider technologiquement. Lors de nos mises à l'essai empiriques, nous avons montré que les apprenants ont pu s'investir, à distance, dans une véritable activité de laboratoire, avec ou sans aide.

L'utilité de cet environnement Ex@O sera donc de favoriser, voire de multiplier la pratique expérimentale en dehors des laboratoires traditionnels (à la bibliothèque, à la maison, etc.). Nous avons aussi validé, de manière indirecte, la pertinence de notre modèle d'action en vérifiant que l'environnement Ex@O donnait bien à un apprenant la possibilité de réaliser un schème de contrôle des variables, de modéliser l'interaction de ces variables sous forme d'une loi mathématique et de la valider de manière empirique, via la conception et la construction d'un objet technologique.

C'est principalement en observant que l'apprenant réalisait successivement chacune des étapes nécessaires à la réalisation complète d'une expérience de laboratoire, que nous avons évalué, voire amélioré, notre environnement d'Ex@O.

Même si nous ne l'avons pas évalué systématiquement, nous avons observé que les apprenants devenaient de plus en plus autonomes après quelques expérimentations, c'est-à-dire qu'ils avaient de moins en moins recours à l'aide à distance. On devra vérifier cette observation dans une recherche subséquente si la répétition de cette pratique guidée, mais à distance en Ex@O permet à l'apprenant d'être autonome dans la réalisation d'une expérimentation scientifique qu'il aura lui-même imaginée.

Nous pensons qu'avec cet environnement Ex@O, nous répondrons aux exigences des nouveaux programmes qui intègrent sciences et technologie puisque, par la conception et la construction d'un objet technologique, les apprenants utilisent dans une même activité, les sciences expérimentales, la mathématique et la technologie. Ainsi, à l'aide des quatre protocoles expérimentaux, les apprenants ont pratiqué pas à pas la démarche expérimentale via la conception et la construction d'un objet technologique, donnant ainsi une finalité concrète aux expérimentations scientifiques. Cette dernière étape se substituant avantageusement, par une activité signifiante et concrète, à l'étape de validation analytique normalement utilisée en sciences expérimentales.

Par cette recherche, nous avons vérifié que les apprenants ont expérimenté et exprimé, sous forme d'une équation algébrique, la relation de causalité entre deux variables et qu'ils ont utilisé cette relation pour transformer une variable en une autre, par exemple, la tension (V) aux bornes d'un thermistor en température (°C). C'est en suivant pas à pas une actographie de l'ensemble des comportements de l'apprenant que nous pouvons dire et montrer que tous ont réussi, à traverser une activité d'apprentissage complexe intégrant, dans une même activité, les sciences expérimentales, la mathématique et la technologie.

Il serait intéressant maintenant de faire d'autres recherches pour vérifier, de manière plus systématique, si cet environnement de laboratoire à distance favorise l'intégration des matières et l'acquisition du raisonnement hypothéticodéductif, tel que décrit par la structure de pensée formelle (stade numéro cinq) de Jean Piaget.

Nous avons montré ici :
- que l'ExAO, une technologie largement acceptée pour l'acquisition du raisonnement scientifique par la pratique assistée en laboratoire, pouvait s'utiliser à distance;
- que cette innovation technologique, l'Ex@O, est désormais élevée au rang des possibles. Puisque chaque apprenant participant à la recherche a pu, comme dans un laboratoire institutionnel, s'engager et réaliser progressivement, avec ou sans aide, toutes les étapes constituant la démarche d'investigation scientifique et technologique;
- que notre microlaboratoire d'Ex@O permet la pratique soutenue de la démarche expérimentale en laboratoire et à distance, en dehors des laboratoires institutionnels, ce qui constituait l'idée de départ de cette recherche de développement.

Les bénéfices tangibles et « à venir » des résultats de cette recherche sont de plusieurs ordres :
1) la formation continue des enseignants ou leur assistance/accompagnement à distance;
2) la collaboration entre enseignants par des échanges de protocole et des expérimentations à distance;
3) la formation d'apprenants en formation à distance;
4) la collaboration entre apprenants en dehors des laboratoires institutionnels. Puisque, avec ce microlaboratoire d'Ex@O, les apprenants pourront collaborer à distance, deux à deux, dans la conception et la réalisation d'une expérimentation.

Le fait de rendre possible cette pratique, en dehors des laboratoires institutionnels, ne peut que multiplier le contact de l'apprenant avec cette pratique indispensable à l'acquisition du raisonnement scientifique.

8. Annexes et Liste de références

RÉFÉRENCES

Bachelard, G. (1934). *Le Nouvel Esprit scientifique*. rééd. 1975, Paris, PUF, 183 p.

Brousseau, G. (1998). Théorie des situations didactiques. rééd. 2004, La Pensée Sauvage édition, Grenoble, 366 p.

PORTAILFAD (2007). *Le portail de la formation à distance au Québec*. CLIFAD, (en ligne), Consulté le 30 septembre 2010 http://portailfad.qc.ca/fr/

De Rosnay, J. (1975). *Le macroscope : Vers une vision globale*. Éditions du Seuil, 320 p.

De Vecchi, G. (2006). *Enseigner l'expérimental en classe*. Paris, Hachette éducation, 2006, 281 p.

De Vecchi, G. & N. Carmona-Magnaldi, (2002). *Faire vivre de véritables situations-problèmes*. Paris, Hachette éducation, 2002, 251 p.

d'Ham, C. & I. Girault, (2005). *Analyse des changements induits par la technologie dans des travaux pratiques de sciences expérimentales effectués avec un laboratoire distant*. Équipe MeTAH, Laboratoire Leibniz-IMAG, Université Joseph Fourier, Grenoble, Consulté le 6 mai 2010. (fichier pdf, 9 p.) http://telearn.archives-ouvertes.fr/hal-00278451/en/

Fourez, G. (1994). *Alphabétisation scientifique et technique*. Bruxelles : De Boeck Université, 220 p.

Gagné, R. M. (1976). *Les principes fondamentaux de l'apprentissage – Application à l'enseignement*. Montréal, QC : Les éditions HRW, 148 p.

Gaudreau, Alexandre (2009). *Conception et expérimentation d'un environnement d'apprentissage technologique pour le développement des concepts reliés au langage de codage graphique chez les élèves du primaire.* Mémoire de maîtrise en éducation, Université du Québec à Montréal, Montréal, 141 p.

Ginestié, J. (2006). *Formation des enseignants : Au delà des apparences, quelles différences?, Une étude internationale sur la formation des enseignants en éducation technologique.* Collectif, Union européenne, IUFM Aix-Marseille, RIUFICETT, Santiago, Chili, 236 p.

Girouard, M. (1995). *La «lunette cognitive» pour l'acquisition du langage graphique.* Thèse de doctorat en didactique des sciences, Université de Montréal, Montréal, 96 p.

Harvey, S et J. Loiselle (2009). *Proposition d'un modèle de recherche développement.* Recherches Qualitatives, vol. 28 (2), pp.95-117 Consulté le 12 décembre 2012 (fichier pdf, 12p.) www.recherche-qualitative.qc.ca/revue/edition_reguliere/numero28(2)/harvey(28)2.pdf

Joannert, P. et C. Vander Borght, (1999). *Créer des conditions d'apprentissage, 3e édition.* Bruxelles, De Boeck Université, 431 p.

Lafortune, L. & C. Deaudelin, (2001). *Accompagnement socioconstructiviste : Pour s'approprier une réforme en éducation.* Sainte-Foy, QC : Presses de l'Université du Québec, 208 p.

Legendre, R. (2005). *Dictionnaire actuel de l'éducation - 3e édition.* Montréal, QC : Guérin éditeur, 1554 p.

MELS. (2005). « Le renouveau pédagogique – Ce qui définit « le changement » » sur le site du m*els.gouv.qc.ca*. Consulté le 28 mars 2007, (fichier pdf, 12 p.) http://www.mels.gouv.qc.ca/lancement/Renouveau_ped/452755.pdf

MELS. (2011). Version provisoire – Programme de la formation de base diversifiée pour les 3e, 4e et 5e secondaire. Direction de l'éducation des adultes et de l'action communautaire. Consulté le 13 mai 2011, (fichier pdf, 54 p.) *Sur le site sécurisé de la DÉAAC/MELS*

MELS. (2012). Programmes d'études Science et technologie – Applications technologiques et scientifiques – Science et technologie de l'environnement – Science et environnement. Direction de l'éducation des adultes et de l'action communautaire. Consulté le 26 aout 2012, (fichier pdf, 191 p.) *Sur le site sécurisé de la DÉAAC/MELS*

Marcotte, P. (2007). *Portrait personnel, familial et scolaire des jeunes adultes émergents (16-24 ans) accédant aux secteurs adultes du secondaire : identification des facteurs associés à la persévérance et à l'abandon au sein de ces milieux scolaires.* Département de psychoéducation, Université du Québec à Trois-Rivières (UQTR) Consulté le 1 novembre 2011, (fichier pdf, 84 p.).

Nonnon, P. (1985). *Laboratoire d'initiation aux sciences assisté par ordinateur.* Montréal, QC : Université de Montréal, Faculté des sciences de l'éducation, 146 p.

Nonnon, P. (1993). *Proposition d'un modèle de recherche-développement technologique en éducation.* Regard sur la robotique pédagogique, Liège, Université de Liège, pp. 147-154.

Nonnon, P. (2007). *Enseigner les sciences avec des expérimentations assistées par ordinateur (ExAO)*. Regards multiples sur l'enseignement des sciences sous la direction de Potvin, Riopel et Masson, Éditions Multimondes, 8 p.

Nonnon, P., Laurencelle, L. et J.P. Joyal (1972). *Conditionnement classique et réaction cardiaque chez l'homme*. Bulletin de psychologie, no 2 .Département de psychologie. UQAM Montréal.

Paivio, A. (1979). *The empirical case for dual coding in imagery*. Cognition and memory, Hilsdale, N.J. Erlbaum, pp. 307-332.

Paquette, G. et coll., (1997). *Le Campus Virtuel : un réseau d'acteurs et de ressources*. Revue de l'Association canadienne d'éducation à distance, volume XII, No1/2, pp. 85-101.

Piaget, J. & B. Inhelder, (1966). La psychologie de l'enfant, Quadrige, PUF, réed. 2004, Que sais-je?, 128 p.

Poyet, F. & N. Ben Abdallah, (2006). *L'évaluation des environnements informatisés d'apprentissage humain : quelles méthodologies?*. Laboratoire URSIDOC-DOCSI, IUT de Dijon, Consulté le 30 avril 2009. (fichier pdf, 10 p.)
isdm.univ-tln.fr/PDF/isdm25/PoyetAbdallah_TICE2006.pdf

Rellier, C. & Canu, F. (2002). *Travaux pratiques de sciences expérimentales à distance*. Revue de l'EPI, no 94, Consulté le 6 mai 2010. (fichier pdf, 8 p.)
www.epi.asso.fr/fic_pdf/b94p193.pdf

Riopel, M. (2005). *Conception et mises à l'essai d'un environnement d'apprentissage intégrant l'expérimentation assistée par ordinateur et la simulation assistée par ordinateur*. Thèse de doctorat en didactique des sciences, Université de Montréal, Montréal, 224 p.

SOFAD (2012). Onglet *Mission et mandat*. Site internet consulté le 7 décembre 2012. http://www.sofad.qc.ca/html/sof_mission.html

Tardif, J. (1997). *Pour un enseignement stratégique – l'apport de la psychologie cognitive*. Montréal, QC : Les éditions Logiques, 474 p.

Tricot, Plégat-Soutjis, Camps, Amiel, Lutz et Morcillo. (2003). *Utilité, utilisabilité, acceptabilité : interpréter les relations entre trois dimensions de l'évaluation des EIAH*. Laboratoire Travail et Cognition, CRNS et Université de Toulouse 2, Consulté le 24 avril 2010. (fichier pdf, 11 p.)
halshs.archives-ouvertes.fr/docs/00/00/16/74/PDF/n036-80.pdf

Van der Maren, J.-M. (1996). *Méthodes de recherche pour l'éducation*. 2e édition, Montréal, QC : Presses de l'Université de Montréal, 502 p.

Vygotsky, L.S. (1926). *Educational Psychology*. St. Lucie Press, Florida, USA rééd. 1997, 416 p.

Annexe A
Exemple d'une grille d'items d'observation

Exemple d'une grille d'observation (avec précisions) pour l'expérimentation sur la conception d'un thermomètre

Légende :   1- pas du tout d'accord (démo)   3- assez d'accord (aide verbale)
(mettre un ✓ ou un X)   2- un peu d'accord (aide visuelle)   4- totalement en accord
Observations portant sur l'environnement informatisé (**EI**) en grisé
Observations portant sur la démarche d'investigation (**DI**) en blanc

Items d'observation	1	2	3	4
A- L'adulte met en route sans aucune aide le logiciel *Teamviewer*				
B- L'adulte met en route sans aucune aide le logiciel *Microlab ExAO 3.2*				
C- L'adulte branche l'interface sans aucune aide				
D- L'adulte complète l'étape préalable sans aucune aide (hypothèse, identification des variables et des facteurs contrôlés)				
E- L'adulte utilise adéquatement la lampe ou le bécher sans aucune aide				
F- L'adulte planifie et rédige les procédures d'étalonnage du thermomètre sans aucune aide				
G- L'adulte modélise la relation température/tension par une équation et la note sans aucune aide				
H- L'adulte utilise l'équation obtenue pour étalonner son thermomètre (assigne et transforme) sans aucune aide				
I- L'adulte sauvegarde les données obtenues sous un fichier **.xao3** à son nom sans aucune aide				
J- L'adulte répond à la question 4 sans aucune aide : *Est-ce que vos résultats vous semblent valables? Pourquoi?*				
K- L'adulte répond à la question 5 sans aucune aide : *Comment valider vos résultats?*				
L- L'adulte sauvegarde les données de validation obtenues sous un fichier **.xao3** à son nom sans aucune aide				
Commentaires ou **questions** que l'apprenant vous a posé au cours de l'expérimentation				

Annexe B
Commentaires des participants et expérimentateur

Commentaires généraux sur l'utilité, l'utilisabilité et l'acceptabilité de l'Ex@O

Entrevue 0 – enseignant en formation continue : 6 avril 2012 PM

Comment avez-vous trouvé l'expérience d'assistance à distance ?

J'ai trouvé cela intéressant! Mais malheureusement les circonstances ont fait qu'on n'a pas pu en tester toutes les possibilités (volet audio par exemple) et c'est pourquoi je donne la note de 4/5. (5 étant la plus appréciée)

Pensez-vous qu'on pourrait l'utiliser pour aider les enseignants dans leur milieu?

Oui

Combien d'heures seraient consacrées, selon vous, à la familiarisation et à la formation sur un total de 45 h?

10 heures de familiarisation à l'université et 35 heures de formation à distance
Utilisation que je trouverais intéressante : lorsqu'on a des classes équipées de matériel informatique et que l'on fait des activités avec les élèves, parfois il y a des éléments qui ne fonctionnent pas. Plutôt que de devoir attendre que quelqu'un se déplace, ce serait bien d'utiliser ce système. Cela permettrait de sauver temps et énergie.

Pourrait-on l'utiliser entre enseignants pour s'échanger des protocoles d'expérimentation?

Oui. Souvent sur le web, on a plein de protocoles, mais quand on ne les a jamais utilisés, on n'est pas toujours sûr de ce à quoi il faut faire attention. Avec ce système, on pourrait faire plus que photocopier les protocoles disponibles, on pourrait échanger des trucs pour le bénéfice des élèves.

Entrevue 1 – apprenant : 23 novembre 10 h 48

Est-ce que cet environnement t'a semblé facile d'utilisation?
Ben moi j'dis que c'était pas exactement clair la première fois, mais quand tout le monde vont l'utiliser une première fois, ils vont avoir moins de misère. Il devrait y

avoir une page dans le livre qui dit comment faire. Mais après ça, ça devrait bien aller.

Est-ce que tu crois qu'il serait utile pour les élèves en formation à distance?
Oui, mais ça dépend, parce que, est-ce qu'on amène le système à la maison? Si on l'envoie par la «mail», ça serait utile. Ça serait aussi efficace que de le faire à l'école.

Est-ce que tu as aimé l'expérience? C'est-à-dire de faire une expérimentation avec du matériel électronique à distance.
Je suis un passionné de science, alors j'ai bien aimé ça.
Les résultats sont plus là, plus rapides. C'est plus interactif!

Entrevue 2 – apprenant : 23 novembre 10 h 54
Est-ce que cet environnement t'a semblé facile d'utilisation?
Moi, j'ai PAS trouvé ça difficile! Le matériel, ça a toute bien fonctionné le premier coup. C'est sûr que le premier coup j'étais nerveux, je ne savais pas comment faire, mais c'était pas difficile.

Est-ce que tu crois qu'il serait utile pour les élèves en formation à distance?
Oui, comme je poursuis mes études en formation à distance, c'est sûr. Pis c'est justement le genre de «programme» que je trouve génial!

Est-ce que tu as aimé l'expérience? C'est-à-dire de faire une expérimentation avec du matériel électronique à distance. Est-ce que tu aurais des suggestions d'améliorations possibles à nous faire?
J'ai adoré ça! Pis pour les améliorations : des p'tits détails ... plus liés à l'informatique. Une suite d'opérations vraiment claires, moi si j'ai ça clair, ça va super bien!

Entrevue 3 – apprenant : 23 novembre 11 h 42

Est-ce que cet environnement t'a semblé facile d'utilisation? Est-ce que tu aurais des améliorations à nous proposer?

Oui, c'était assez facile d'utilisation! Des moyens pour que ce soit plus facile? Moi, je pourrais vous donner un p'tit truc, vu qu'on est à distance, d'utiliser le «chat» au lieu d'être obligé de l'appeler (téléphoner) pour prendre contact avec les élèves.

Est-ce que tu crois qu'il serait utile pour les élèves en formation à distance?

Oui, je pense que ça pourrait être utile. Ce serait utile pour le monde qui font le cours de physique et pour vérifier les hypothèses du monde.

Est-ce que tu as aimé l'expérience? C'est-à-dire de faire une expérimentation avec du matériel électronique à distance. Est-ce que tu aurais des suggestions d'améliorations possibles à nous faire?

J'ai adoré participer à cette activité, moi j'adore faire des laboratoires. Comme améliorations?: que le thermomètre s'arrête automatiquement.

Entretien en fin d'expérimentation avec un enseignant: 30 novembre 15 h 38

Commentaire de l'enseignant participant à l'expérimentation:
- ✓ Il faut qu'à la fin de l'expérimentation, l'élève est un sentiment de réussite. Il faut que s'il y a des bogues, qu'ils soient très mineurs pour pas que l'élève ait un sentiment d'échec.
- ✓ Pour l'environnement assisté et contrôlé à distance (Ex@O), d'après moi, y'a deux paramètres signifiants pour la recherche:
    1) La formation à distance assistée par un prof avec audio et vidéo, je l'ai fait et ça marche très bien, c'est très agréable. Je suis à l'aise avec ça et l'élève

aussi. L'aide assistée à distance, que ce soit pour des explications ou des encouragements, ça fonctionne.

2) *Pour l'expérimentation par ExAO, on peut le faire à côté de l'élève, on essaie d'expérimenter des relations mathématiques qui sont liées à la science, ça fonctionne partiellement (matériel de laboratoire connexe, utilisé dans cette expérimentation peu couteux, mais de moins bonne qualité).*

✓ *Vous avez quand même réussi à montrer que la synthèse des deux, ExAO et l'assistance à distance, que l'ExAO à distance, ça se fait, on a vu que ça fonctionne parfaitement.*

Annexe C
Les quatre protocoles expérimentaux

Laboratoire de robotique pédagogique de l'UdeM et la CSDL

1 - Loi de Charles

Expérience de Kelvin

Numéro de l'ÉLÈVE/ÉTUDIANT : _____

IMPORTANT : Afin de minimiser le temps nécessaire à cette expérimentation, il est fortement recommandé de bien lire tout le document avant de débuter.

Procédures de mise en route du logiciel MicrolabExAO
Procédures d'accès à l'aide en ligne

1. *Double-cliquez sur l'icône Teamviewer.*
2. *Transmettez à votre enseignant, via le téléphone ou un courriel, le nom d'usager et mot de passe généré pour la session d'aide en ligne.*
3. *Cliquez sur l'onglet vidéo/audio pour donner accès à votre image et voix en ligne et transmettre le tout.*

1 - Loi de Charles

Au cours de cette expérimentation, vous établirez la relation entre la température et la pression d'un gaz lorsque le volume demeure constant, telle que l'a découverte Jacques Charles en 1787. Vous tenterez également de reproduire les calculs effectués en 1848 par William Thomson. Ces travaux permirent à Thomson d'obtenir le titre de Lord Kelvin.

MATÉRIEL
INFORMATIQUE :
Ordinateur avec logiciel MicrolabExAO
Interface MicrolabExAO
Éprouvette avec capteurs T° et Pa intégrés servant de système fermé
Capsule universelle pour T°

DE LABORATOIRE :
Bâton de bois pour agiter
Contenant ou bécher d'1 litre avec de l'eau
Élément chauffant avec adaptateur US
Pinces à linge et élastiques
(Barre de surtension et rallonge)

Technologie Laboratoire de robotique pédagogique de l'UdeM et la CSDL

1 - Loi de Charles

Expérience de Kelvin

Question 1:
Vous avez peut-être déjà constaté que *le manuel d'entretien d'un véhicule automobile suggère de mesurer la pression des pneus (et de les gonfler) lorsque le véhicule n'a pas roulé sur une grande distance. La variation de la température de l'air contenu dans les pneus* est la cause de cette précaution. Connaissez-vous la relation existant entre la *température d'un gaz* et sa pression, à volume constant (oui/non)? Si oui, quelle est-elle? Sinon, pouvez-vous la déduire à partir de vos expériences personnelles?

Hypothèse : _____

Question 2 :
À partir de la question 1 et du matériel fourni, déterminer quelles seront les variables dépendante et indépendante dans cette expérimentation?

Variable indépendante (V_i) : _____

Variable dépendante (V_d) : _____

Question 3 :
Selon vous, existe-t-il un ou des facteurs, autres que les variables contrôlées (variables *dépendante et indépendante*) qui pourrait participer à *l'expérimentation*? Si oui, lesquels?

_____

PRÉCAUTION :
Durant l'expérience, surveillez la valeur qu'affiche le capteur de pression afin de respecter ses limites. **N'allez pas au-delà de 1500 hPa**, sinon la membrane se déchirera.

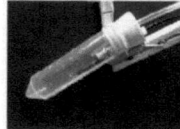

L'éprouvette avec capteurs est un système fermé et sert à mesurer la température et la pression de l'air emprisonné dans le contenant. Il est important de s'assurer que le tout est complètement étanche. Sinon, demandez une autre éprouvette à votre enseignant. N. B. La capsule universelle se trouve à l'extrémité du capteur de température.

EXPÉRIMENTATION :

1. Faites le montage suivant en remplissant d'eau froide le bocal de verre et ensuite immergez jusqu'au fond l'éprouvette fermée en la fixant de chaque côté à l'aide des épingles à linge. Attention au débordement!

2. Assurez-vous que l'interface MicrolabExAO soit reconnue en vérifiant l'exactitude de l'image et branchez les 2 capteurs à l'interface. Les barres d'outils de ces 2 capteurs devraient apparaître à l'écran.

3. Modifiez le capteur universel en cliquant sur la barre du capteur et en sélectionnant les fonctions suivantes :
   - Appliquer une fonction de transformation
   - Thermomètre

Technologie Laboratoire de robotique pédagogique de l'UdeM et la CSDL

1 - Loi de Charles

Expérience de Kelvin

- Activer

4. Vous êtes maintenant en Mode graphique. Sinon, cliquez sur le bouton en haut de page.

5. En cliquant sur le bouton param (en haut à droite), sélectionner les paramètres suivants :
   - 1 000 pts
   - Quand : thermomètre 15/40
   - 0,5 °C

6. Cliquez sur l'axe des Y et sélectionnez Amplifier le capteur (saisie clavier). Insérez ensuite les valeurs suivantes: 1 000 comme min. et 1 250 comme max.

7. Branchez l'élément chauffant dans une prise d'électrique et cliquez de nouveau sur le bouton param et sur le bouton Acquisition. L'expérimentation vient de débuter. Vous verrez alors apparaître 2 types de points de couleur légèrement différente. Les points foncés sont les données du capteur amplifié.

8. Utilisez le bâton de bois pour agiter constamment l'eau dans le contenant.

9. Arrêtez l'expérimentation lorsque vous aurez plusieurs points d'affiché entre 20 et 30 °C en cliquant sur param et ensuite sur Arrêt.

10. Débranchez l'élément chauffant et **attention de ne pas le sortir de l'eau**. Attendez qu'il soit refroidi. Ça peut prendre quelques minutes.

FONCTION :

11. Une fois, la prise de données (expérimentation) terminée, modélisez la relation entre la pression et la température. Cliquez sur la barre du capteur Pression amplifié (en haut du graphique et capteur foncé) et sélectionnez les fonctions suivantes :
    - Outils mathématiques
    - Modéliseur

12. Cliquez sur le type de courbe représentant le mieux vos données. À l'aide des points de la nouvelle courbe, faites-la glisser de façon à la superposer à vos données. Ne choisir que les points foncés (capteur amplifié). Ensuite, répondez aux questions suivantes.

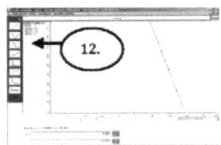

Question 4 :
D'après les données obtenues (nuage de points foncés), la relation entre la pression et la température d'un gaz est-elle linéaire (oui/non)?

_____

Question 5 :
Notez l'équation mathématique correspondante (modèle) (sous le graphique) :

P = _____

Technologie Laboratoire de robotique pédagogique de l'UdeM et la CSDL

1 - Loi de Charles

Expérience de Kelvin

Question 6 :
Pouvez-vous répéter l'expérience de Kelvin, qui consiste à déterminer le zéro absolu en extrapolant *la droite jusqu'à l*'abscisse à *l'origine? Cliquez sur l'axe des x pour changer d'échelle afin d'obtenir l'abscisse à l'origine et justifiez votre réponse à l'aide de l'équation mathématique obtenue.*

Équation mathématique : _____

Valeur de l'abscisse à l'origine en °C : _____

Question 7 :
Est-ce *que la valeur de l'abscisse à l'origine obtenue est équivalente à 0 K (oui/non)? Sinon, pourquoi selon vous?*
_____
_____

Technologie Laboratoire de robotique pédagogique de l'UdeM et la CSDL

2 - Création d'une jauge à essence

Technologie

Numéro de l'ÉLÈVE/ÉTUDIANT :

_____

Procédures de mise en route du logiciel MicrolabExAO (µlabExAO)

6. Assurez-vous que votre ordinateur avec caméra web soit ouvert et sous tension.
7. Branchez l'interface à l'ordinateur et la mettre sous tension. Vérifiez la caméra web aussi.
8. Double-cliquez sur l'icône µlabExAO (ExAO 3.2) afin d'ouvrir le logiciel.
9. Sélectionnez la langue de votre choix.
10. Lors de l'ouverture du logiciel, vous devriez observer une image de l'interface sans simulation.

Procédures d'accès à l'aide en ligne

4. Double-cliquez sur l'icône Teamviewer.
5. Transmettez à votre enseignant, via le téléphone ou un courriel, le nom d'usager (ID) et mot de passe généré pour la session d'aide en ligne.
6. Cliquez sur l'onglet vidéo/audio pour donner accès à votre image et voix en ligne et transmettre le tout.

2 - Création d'une jauge de volume
(à partir d'un capteur de pression)

MISE EN SITUATION
Vous partez en vacances et vous souhaitez remplacer la jauge à essence brisée de votre vieille voiture, si vieille que la jauge originale ne se vend plus. Vous ne voulez pas modifier votre itinéraire, et ainsi éviter les longues étapes sans station service. Vous vérifiez donc quelques principes de physique avant de fabriquer votre propre jauge à essence pour partir à l'aventure en toute sécurité. Naturellement, afin de limiter votre exposition aux vapeurs d'essence, vous développerez votre jauge en remplaçant celle-ci par de l'eau.

MATÉRIEL

INFORMATIQUE :
Ordinateur avec logiciel MicrolabExAO
Interface MicrolabExAO
1 capteur pression ExAO +/- 20hPa, qui servira de jauge à essence
(Barre de surtension et rallonge)

DE LABORATOIRE :
1 contenant rempli d'eau (optionnel)
1 cylindre gradué de 100 ml
Eau
1 cylindre gradué de 10 ml

Technologie Laboratoire de robotique pédagogique de l'UdeM et la CSDL

2 - Création d'une jauge à essence

Technologie

Question 1:
Vous avez probablement déjà constaté que vos oreilles se bouchent lorsque vous nagez en profondeur. *Ce phénomène est dû à la pression exercée par l'eau.* Connaissez-vous la relation existant entre la hauteur (ou profondeur) et la pression d'un liquide, tel que l'eau (oui/non)? Si oui, quelle est-elle? Sinon, pouvez-vous la déduire à partir de vos expériences personnelles sous l'eau?

Hypothèse : _____

Question 2 :
À partir de la question 1 et du matériel fourni, déterminer quelles seront les variables dépendante et indépendante dans cette expérimentation?
                    Variable indépendante (V_i) : _____
                    Variable dépendante (V_d) : _____

Question 3 :
Selon vous, existe-t-il un ou des facteurs, autres que les variables contrôlées (variables *dépendante et indépendante*) qui pourrait participer à l'expérimentation? Si oui, lesquels?

_____
_____

PRÉCAUTION :
Lors de l'utilisation d'un capteur pression, surveillez en tout temps la valeur qu'affiche le capteur afin de respecter ses limites, sinon la membrane se déchirera. Par ex.: Si vous soufflez fortement dans un capteur +/- 20 hPa, vous pouvez le briser.

PROCÉDURE (construction du modèle)
1. Ouvrir le logiciel MicrolabExAO si ce n'est pas déjà fait. L'interface doit être reconnue automatiquement si celle-ci est bien branchée.
2. Brancher le capteur pression à l'interface, la détection du capteur doit se faire automatiquement.
3. En mode Vumètre, calibrer le capteur de <u>pression relative à zéro</u> par rapport à la pression atmosphérique de la pièce. Dans la fenêtre Décalage, inscrire 0 et activer la calibration à l'aide du bouton (√abc).
4. Sur la page d'accueil du logiciel (cliquer sur Retour), cliquez sur la barre d'outils du capteur avec le bouton de droite de la souris afin d'obtenir le menu contextuel. Choisissez "Transformer ce capteur en décrivant une relation de causalité avec une variable extérieure à MicroLabExAO".

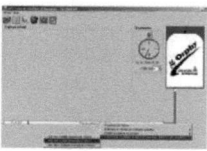

5. Créez un nouveau capteur virtuel en entrant les données suivantes :
    a. Nom : Volume
    b. Variable : V
    c. Unité : ml
    d. Minimum : 0 ml
    e. Maximum : 100 ml

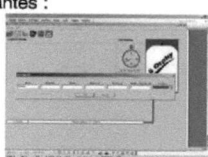

f. Nombre de décimales : 2 ou 3
g. Couleur : (votre choix)

6. Cliquer sur OK. Vous êtes maintenant en mode Graphique.
7. Ajouter, à l'aide d'un petit cylindre de 10 ml rempli d'eau, un volume de 10 ml dans le cylindre gradué de 100 ml. Par la suite, déposer délicatement le capteur de pression relative <u>au fond</u> du cylindre de 100 ml.
8. Inscrire la valeur de **10** (ml) dans le champ situé en bas du graphique et prenez la mesure de pression en cliquant sur Entrée (Enter).
9. Répéter les étapes 8 et 9 en ajoutant toujours 10 ml d'eau et prendre une mesure de pression en inscrivant, à chaque fois dans l'espace prévu, le <u>nombre de ml de liquide total</u> (10 + 10 + ...). Prenez au moins 5 points de mesure, de 10 ml à 100 ml, afin d'obtenir une bonne précision.

Question 4 :
Complète le tableau suivant :

Volume total ajouté (mL)	Pression mesurée (hPa)
10	

FONCTION
10. Sur la barre d'outils du capteur Volume, située tout en haut du graphique, choisissez la fonction Modéliseur dans «Outils mathématiques» et cliquez sur le modèle de fonction représentant vos données. Glissez la fonction choisie en cliquant sur les points jusqu'à ce qu'elle se superpose aux données du graphique.

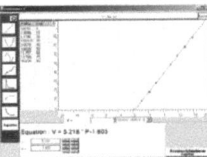

Question 5 :
Notez l'équation mathématique correspondante (modèle) :

_____

11. Assigner cette équation au capteur en cliquant en bas, à droite de l'écran. (Il n'est pas nécessaire de sauvegarder l'expérience.)

12. Sur la page d'accueil (retour), à partir de la barre d'outils du capteur pression, choisir Appliquer une fonction de transformation, et prendre l'équation mathématique correspondante et activez-la. Le capteur pression est devenu un capteur Volume et vous pouvez maintenant tester votre jauge à liquide.

2 - Création d'une jauge à essence

VALIDEZ VOTRE JAUGE (validation analytique)

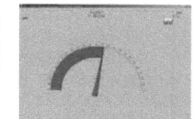

1. En mode Vumètre, définissez l'échelle (en haut à gauche) de la jauge à essence entre 0 et 100 ml ou plus selon la capacité de votre réservoir (cylindre gradué), activez-la à l'aide du bouton (√abc).

2. En plongeant le capteur pression dans le réservoir, vérifiez si le volume de liquide indiqué à l'écran semble correspondre au volume d'eau contenu dans le réservoir. Ne pas oublier que le capteur déplace un certain volume d'eau!

TABLEAU DE MESURES

Technologie Laboratoire de robotique pédagogique de l'UdeM et la CSDL

2 - Création d'une jauge à essence

Technologie

Question 6 :
Inscrire différents volumes observés (lus sur le cylindre <u>avant</u> d'y avoir plongé le capteur) et leurs volumes correspondants mesurés à l'aide de votre nouvelle jauge à liquide.

Volumes observées sur le cylindre (mL)	Volumes mesurés avec la jauge (mL)
0 ml	

Question 7 :
Est-ce que les volumes observés et *les volumes mesurés à l'aide de la jauge sont* identiques (oui/non)? Sinon, comment expliquez-vous ces différences?

_____
_____
_____
_____

Laboratoire de robotique pédagogique de l'UdeM et la CSDL

3 – Conception et construction d'un thermomètre

Technologie

Numéro de l'ÉLÈVE/ÉTUDIANT :

_____

IMPORTANT : Afin de minimiser le temps nécessaire à cette expérimentation, il est fortement recommandé de bien lire tout le document avant de débuter.

Procédures de mise en route du logiciel MicrolabExAO

11. Assurez-vous que votre ordinateur avec caméra web soit ouvert et sous tension.
12. Branchez l'interface à l'ordinateur et la mettre sous tension. Vérifiez la caméra web aussi.
13. Double-cliquez sur l'icône MicrolabExAO (ExAO 3.2) afin d'ouvrir le logiciel.
14. Sélectionnez la langue de votre choix.
15. Lors de l'ouverture du logiciel, vous devriez observer une image de l'interface sans simulation.

Procédures d'accès à l'aide en ligne

7. Double-cliquez sur l'icône Teamviewer.
8. Transmettez à votre enseignant, via le téléphone ou un courriel, le nom d'usager (ID) et mot de passe généré pour la session d'aide en ligne.
9. Cliquez sur l'onglet vidéo/audio pour donner accès à votre image et voix en ligne et transmettre le tout.

3 - CONCEPTION et CONSTRUCTION d'un THERMOMÈTRE
(à partir d'un thermistor)

MISE EN SITUATION
Au cours de l'expérimentation précédente (2 - Création d'une jauge de volume), vous avez étudié la relation de causalité entre le volume et la pression d'un liquide de manière à évaluer le volume d'un liquide à partir de la lecture de la pression. Ici, pour évaluer la température d'une substance, nous allons étudier la relation de causalité entre la température et la tension (voltage) aux bornes d'un tnermistor. C'est cette variation de voltage (tension) que vous allez étudier en fonction de la température de manière à évaluer la température à partir du voltage aux bornes d'un thermistor.

MATÉRIEL

INFORMATIQUE :	DE LABORATOIRE :
Ordinateur avec logiciel MicrolabExAO	Fer à souder avec soudure et pâte à souder
Interface MicrolabExAO	Fil Jack avec embout mâle d'au moins 1 m
Thermistor AD22100KTZ	Pince coupante munie d'un dénudeur
Capsule universelle MicrolabExAO	Lampe à alcool ou allumettes
Capteur Thermomètre (-20/110ºC)	Gaine thermorétractable ¼ po de 15 cm
	3 gaines thermo. 1/16 po de 1,5 cm

Laboratoire de robotique pédagogique de l'UdeM et la CSDL

3 – Conception et construction d'un thermomètre

Technologie

Question 1 :
La plupart des thermomètres électroniques fonctionnent en utilisant les propriétés d'un thermistor. Ce type de thermomètre évalue la température d'une subtance d'après la relation existant entre la tension (voltage), aux bornes du thermistor, et sa température. D'après vous, cette relation est de quel type (directe, inverse ou non linéaire)? Pouvez-vous la décrire sous forme de langage mathématique?

Hypothèse :_____

Question 2 :
À partir de la question 1 et du matériel fourni, déterminer quelles seront les variables dépendante et indépendante dans cette expérimentation?

                Variable indépendante (V_i) : _____

                Variable dépendante (V_d) : _____

Question 3 :
Selon vous, existe-t-il un ou des facteurs, autres que les variables contrôlées (variables dépendante et indépendante) qui pourrait *participer à l'expérimentation?* Si oui, lesquels?

_____

PRÉCAUTION :
Lors des soudures, éviter de respirer les vapeurs produites (fenêtre ouverte) et porter attention à ne pas chauffer inutilement le thermistor.

1. CONSTRUCTION du thermomètre
PROCÉDURE
1. Chauffer votre fer (40 W) et mouiller l'éponge de la panne.

2. Dégainer sur 3 cm (10 AWG) l'extrémité coupé du fil audio afin de séparer les 3 fils. Par la suite, dégainer les fils blanc et rouge (22 AWG) sur 1 cm. Rassembler les fils de cuivre en les torsadant.

3. Insérer une gaine de 1/16 po à la base du fil blanc. Par la suite, tremper l'extrémité des brins de cuivre dans la pâte à souder et éliminer l'excès.

4. Déposer un très petite quantité de soudure sur le fer à souder chaud. Mettre en contact le fil blanc et la branche #1 (à gauche lorsque le plat du thermistor est vers le haut) du thermistor. Toucher délicatement le joint (fil et brin) avec le fer à souder de façon à y déposer la soudure. Éloigner le fer en maintenant le joint en contact jusqu'au durcissement de la soudure. Nettoyer la pointe du fer sur l'éponge mouillée.

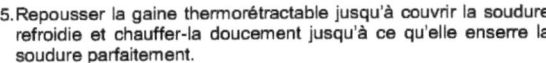

5. Repousser la gaine thermorétractable jusqu'à couvrir la soudure refroidie et chauffer-la doucement jusqu'à ce qu'elle enserre la soudure parfaitement.

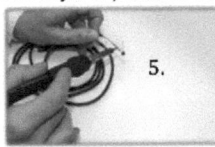

6. Répéter les étapes 3 et 4 en soudant le fil rouge à la branche #2 (centre) du thermistor.

3 – Conception et construction d'un thermomètre
Technologie

7. Répéter les étapes 3 et 4 en soudant les fils de cuivre non gainés à la branche #3 (à droite lorsque le plat du thermistor est vers le haut) du thermistor.

8. Insérer le fil avec thermistor dans une gaine thermorétractable de ¼ de po et de 15 cm de long et le chauffer, à la lampe à alcool à plus de 10 cm de la flamme ou avec le fer à souder, jusqu'à thermorétraction complète sur toute la longueur. Veuillez vous assurer que la gaine adhère parfaitement au thermistor.

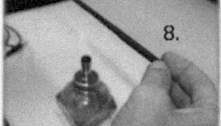

2. ÉTALONNAGE du thermomètre
PROCÉDURE

1. Brancher une lampe de table à la prise électrique. Cette lampe servira d'élément chauffant pour faire varier la température du thermomètre industriel et du thermomètre fabriqué.

2. Accoler le thermomètre fabriqué au capteur Thermomètre de fabrication industrielle à l'aide des 2 élastiques (ou ruban électrique) et branchez-les à l'interface. Le capteur industriel se branche directement à l'interface alors que l'on doit ajouter, au capteur fabriqué, la capsule universelle avant de le brancher à l'interface.

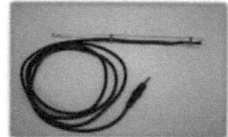

3. Cliquer sur la barre du capteur universel afin de faire apparaître la fonction « Transformer ce capteur en décrivant une/deux relation(s) de causalité avec une variable extérieure à MicrolabExAO ». Cette étape a pour but d'interpréter les mesures de tension mesurées aux bornes du thermistor en fonction des mesures de température prises à l'aide d'un thermomètre industriel.

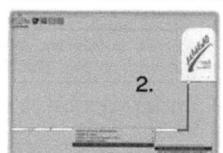

4. Définir un nom, une variable, l'unité de la variable, avec un minimum et un maximum (étant donné que nous utilisons une lampe pour chauffer, il est suggéré de choisir un min de 20 et un max de 80 °C), puis déterminer le nombre de décimales et la couleur du capteur. Après, cliquer sur OK. Vous passerez alors automatiquement en mode graphique.

5. Il vous faut maintenant prendre trois mesures de température afin de déterminer la relation de causalité entre la tension et la température. Nous vous proposons d'en prendre une à la température de la pièce en déposant les 2 thermomètres côte à côte sur la table. Après que la mesure du thermomètre industriel soit stable (attendre 1 ou 2 min.), inscrire la température correspondante à la tension mesurée aux bornes du thermistor, dans le champ prévu à cet effet au bas du graphique.

6. Répéter l'étape 5 pour une seconde mesure de température prise sous votre aisselle et une troisième mesure à 10 cm de la lampe.

7. Cliquer sur la barre d'outils du capteur se trouvant au haut du graphique, ensuite sur « Outils mathématiques » et « Modéliseur ».

8. Cliquez sur le modèle de courbe représentant vos données. Glissez la droite en cliquant sur les points jusqu'à ce qu'elle se superpose aux données du graphique. Notez l'équation mathématique correspondante :

Laboratoire de robotique pédagogique de l'UdeM et la CSDL

3 – Conception et construction d'un thermomètre

Technologie

et assignez cette équation au capteur en cliquant en bas, à droite de l'écran sur le bouton correspondant. Vous n'avez pas besoin de sauvegarder les données, car la fonction est enregistrée automatiquement.

9. Votre capsule universelle, jumelée au thermistor, sont maintenant prêts à se transformer en thermomètre, en cliquant sur le capteur et en sélectionnant « Appliquer une fonction de transformation », et choisir l'équation en l'activant.

10. En passant en mode Vumètre, vous pourrez constater que le thermomètre conçu est maintenant opérationnel. En cliquant sur le cadran central, vous pouvez choisir le mode de représentation voulu.

VALIDATION du thermomètre

Maintenant que votre thermomètre est fonctionnel, il reste à vous assurer qu'il prend des mesures de température qui sont exactes. À cet égard, il est nécessaire de mentionner que tous les thermomètres n'ont pas la même lecture d'une même température. Ainsi, dans un contenant rempli de glace et d'eau, on peut lire sur un thermomètre une valeur de 5 °C alors qu'un second thermomètre indiquera 3 ou 4 °C.

11. Valider votre thermomètre en prenant de nouvelles mesures de température, et en les comparant avec celles obtenues à partir du thermomètre industriel.

Question 4 :
Est-ce que les mesures *qu'indique votre thermomètre vous semblent valables?*
              OUI   NON   (encercler la bonne réponse)
Pourquoi?
_____
_____

En général, pour valider la mesure d'un thermomètre, on procède à partir de températures standards. Par exemple, à pression normale (101,3 kPa), un contenant d'eau et de glace purs indiquera une valeur de 4 °C et avec de l'eau pure qui bout, le thermomètre marquera 100 °C.

3 – Conception et construction d'un thermomètre

Technologie

Question 5 :
Si vous avez à votre *disposition, de l'eau glacée et de l'eau* qui bout, compléter le tableau suivant en prenant des mesures de température avec les 2 thermomètres (fabriqué et industriel) :

	°T théorique	°Tmètre industriel	°Tmètre fabriqué
°T de la pièce	20 à 25 °C	°C	°C
°T de l'eau qui bout	100 °C	°C	°C
°T de l'eau glacée	4 °C	°C	°C

N.B. Si les valeurs indiquées sur le thermomètre fabriqué varient beaucoup des valeurs théoriques ou du thermomètre industriel (ou à alcool), demandez à votre *enseignant d'ajuster*, à *l'aide d'une* nouvelle équation, la mesure de température prise avec votre thermomètre.

Question 6 :
Un luxmètre est un appareil qui mesure la luminosité. Il est utilisé, entre autres, par *les photographes afin de s'assurer d'une luminosité optimale pour chaque type de* photos recherché. La plupart des luxmètres électroniques fonctionnent en utilisant les *propriétés d'un photorésistor (ou cellule photoélectrique) qui*, comme le thermistor *d'un thermomètre*, réagit en fonction de la tension (voltage) aux bornes du photorésistor. Ce type de luxmètre évalue la luminosité *d'après la relation* existant entre la tension (voltage) et la lumière perçue par le photorésistor.
Maintenant que vous avez conçu et construit un thermomètre, vous croyez-vous capable de concevoir et de construire un luxmètre en vous basant sur un protocole semblable à celui-ci (oui/non)?

_____

Si oui, demandez à votre enseignant de vous fournir le matériel nécessaire et complétez le protocole/rapport. À vous de créer!

Laboratoire de robotique pédagogique de l'UdeM et la CSDL

4 – Conception et construction d'un luxmètre

Technologie

Numéro de l'ÉLÈVE/ÉTUDIANT :

_____

Procédures de mise en route du logiciel MicrolabExAO

16. Assurez-vous que votre ordinateur avec caméra web soit ouvert et sous tension.
17. Branchez l'interface à l'ordinateur et la mettre sous tension. Vérifiez la caméra web aussi.
18. Double-cliquez sur l'icône MicrolabExAO (ExAO 3.2) afin d'ouvrir le logiciel.
19. Sélectionnez la langue de votre choix.
20. Lors de l'ouverture du logiciel, vous devriez observer une image de l'interface sans simulation.

Procédures d'accès à l'aide en ligne

10. Double-cliquez sur l'icône Teamviewer.
11. Transmettez à votre enseignant, via le téléphone ou un courriel, le nom d'usager (ID) et mot de passe généré pour la session d'aide en ligne.
12. Cliquez sur l'onglet vidéo/audio pour donner accès à votre image et voix en ligne et transmettre le tout.

4 - CONCEPTION et CONSTRUCTION d'un LUXMÈTRE
(à partir d'un photorésistor)

MISE EN SITUATION

Au cours de l'expérimentation précédente (3 - Construction d'un thermomètre), vous avez étudié la relation de causalité entre la tension et la température d'un thermistor de manière à évaluer la température d'une subtance en contact avec le thermistor. Ici, pour mesurer l'intensité lumineuse d'une pièce, d'une lampe ou de toute source de lumière, nous allons étudier la relation de causalité entre la lumière émise et la tension (voltage) aux bornes d'une photorésistor. C'est cette variation de voltage (tension) que vous allez étudier en fonction de la luminosité de manière à évaluer la quantité de lumière émise à partir du voltage aux bornes de la photorésistor.

MATÉRIEL

INFORMATIQUE :		DE LABORATOIRE :	
Ordinateur avec logiciel MicrolabExAO		Fer à souder avec soudure et pâte à souder	
Interface MicrolabExAO		Fil Jack avec embout mâle d'au moins 1 m	
Photorésistor (0,10/12kΩ) avec R de 200 Ω		Pince coupante munie d'un dénudeur	
Capsule universelle MicrolabExAO		Lampe à alcool ou allumettes	
Capteur Luxmètre industriel		Gaine thermorétractable ¼ po de 15 cm	
		3 gaines thermo. 1/16 po de 1,5 cm	

Laboratoire de robotique pédagogique de l'UdeM et la CSDL

4 – Conception et construction d'un luxmètre

Technologie

Question 1 :
La plupart des luxmètres électroniques fonctionnent en utilisant les propriétés d'un photorésistor. Ce type de luxmètre évalue la lumière émise par une source lumineuse d'après la relation existant entre la tension (voltage), aux bornes du photorésistor, et la lumière reçue par celui-ci. D'après vous, cette relation est de quel type (directe, inverse ou non linéaire)? Pouvez-vous la décrire sous forme de langage mathématique?

Hypothèse : _____

Question 2 :
À partir de la question 1 et du matériel fourni, déterminer quelles seront les variables dépendante et indépendante dans cette expérimentation?

        Variable indépendante (V_i) : _____

        Variable dépendante (V_d) : _____

Question 3 :
Selon vous, existe-t-il un ou des facteurs, autres que les variables contrôlées (variables *dépendante et indépendante*) qui pourrait participer à l'expérimentation? Si oui, lesquels?

PRÉCAUTION :
Lors des soudures, éviter de respirer les vapeurs produites (fenêtre ouverte) et porter attention à ne pas chauffer inutilement le photorésistor et son résistor.

1. CONSTRUCTION du luxmètre
PROCÉDURE (Énoncer les procédures à suivre pour la construction de votre luxmètre. Vous pouvez vous servir des procédures de l'expérimentation précédente pour vous guider dans votre rédaction.)

9. _____

10. _____

3. _____

N. B. Les fils de couleur du photorésistor se soudent aux fils de couleur semblable du fil Jack (mâle). Ex. : fil jaune du photorésistor avec fil blanc du fil Jack.

4. _____

5. _____

6. _____

4 – Conception et construction d'un luxmètre

Technologie

7.

8.

2. Étalonnage du luxmètre

PROCÉDURE (Énoncer les procédures à suivre pour l'étalonnage de votre luxmètre. Vous pouvez vous servir des procédures de l'expérimentation précédente pour vous guider dans votre rédaction.)

1.
2.
3.
4.
5.
6.
7.

N. B. Choisir la fonction «hyperbole» pour définir la relation de causalité entre la tension et la luminosité aux bornes du photorésistor.

8.
9.
10.

VALIDATION du luxmètre

Laboratoire de robotique pédagogique de l'UdeM et la CSDL

4 – Conception et construction d'un luxmètre

Technologie

Maintenant que votre luxmètre est fonctionnel, il vous reste à vous assurer qu'il prend des mesures de luminosité qui sont exactes.

12. Valider votre luxmètre en prenant de nouvelles mesures de luminosité, et en les comparant avec celles obtenues à partir du luxmètre de fabrication industrielle.

Question 4 :
Est-ce que les mesures qu'indique votre luxmètre vous semblent valables?
                   OUI   NON   (encercler la bonne réponse)
Pourquoi?
_____
_____

Félicitations pour votre nouvel outil techno!

Oui, je veux morebooks!

I want morebooks!

Buy your books fast and straightforward online - at one of the world's fastest growing online book stores! Environmentally sound due to Print-on-Demand technologies.

Buy your books online at
www.get-morebooks.com

Achetez vos livres en ligne, vite et bien, sur l'une des librairies en ligne les plus performantes au monde!
En protégeant nos ressources et notre environnement grâce à l'impression à la demande.

La librairie en ligne pour acheter plus vite
www.morebooks.fr

SIA OmniScriptum Publishing
Brivibas gatve 1 97
LV-103 9 Riga, Latvia
Telefax: +371 68620455

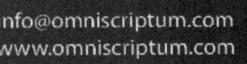

Printed by Books on Demand GmbH, Norderstedt / Germany